HISTOIRE INTÉRIEURE

DE ROME

JUSQU'A LA BATAILLE D'ACTIUM

TIRÉE DES ROEMISCHE ALTERHÜMER

DE

L. LANGE

PAR

A. BERTHELOT ET DIDIER

⸻ ❧ ⸻

PARIS
ERNEST LEROUX, ÉDITEUR
28, Rue Bonaparte, 28

1886

FASCICULE N° *15*

Souscription à l'ouvrage complet, 2 forts volumes : **20 fr**

Ptolémée et sa sœur Cléopâtre [1]; il y avait déjà eu guerre et Cléopâtre avait été chassée [2]. Pour régler ce différend entre le frère et la sœur, il rappela que, pendant son premier consulat, par la loi Julia, il avait reconnu Ptolémée Aulète comme ami et allié du peuple romain; il déclara vouloir faire respecter le testament de ce dernier en vertu duquel Ptolémée et Cléopâtre devaient régner ensemble; et Ptolémée avait chargé le gouvernement romain de faire respecter ce testament [3]. César entra en lutte avec l'armée de Ptolémée; cette guerre est connue sous le nom de guerre Alexandrine; elle dura jusqu'en mars 47, et présenta plusieurs alternatives de succès et de revers [4]. Enfin, elle se termina par une bataille livrée sur les bords du Nil, dans laquelle succomba Ptolémée, qui avait été fait prisonnier par César au commencement de la campagne, puis relâché; le 27 mars, César s'empara de la plus grande partie de la ville d'Alexandrie; ainsi se termina la guerre [5].

Pendant la guerre d'Égypte, vers le commencement de novembre, César reçut la nouvelle qu'il avait été nommé dictateur [6]. Il prit aussitôt possession de la magistrature suprême, et choisit pour maître de la cavalerie M. Antoine [7], qui s'était distingué dans la guerre contre Pompée; à Pharsale, il commandait l'aile gauche [8]; après la bataille, il était revenu en Italie avec les troupes placées sous ses ordres [9]. Quand il fut question de rendre la loi curiate en faveur de César et de M. Antoine, les augures firent quelque difficulté au sujet de

[1]) Cf. Val. Max., 4, 1, 15.
[2]) Liv., *ep.*, 111.
[3]) Cæs., *b. c.*, 3, 107 et seq. Dio C., 42, 9. 34. Plut., *Cæs.*, 48. Flor., 4, 2, 54 et seq. Aur. Vict., *Vir. ill.*, 86.
[4]) Cæs., *b. c.*, 3, 108-112. *b. Alex.*, 1-32. Dio C., 42, 36-43. App., *b. c.*, 2, 90. Plut., *Cæs.*, 49. *Pomp.*, 80. Zon., 10, 10. Liv., *ep.*, 112. Vell., 2, 54. Suet., *Cæs.*, 35. 64. Flor., 4, 2, 58 et seq. Oros., 6, 15. Eutr., 6, 22. Front., *Strat.*, 1, 1, 5. Cf. Cic., *Dej.*, 9, 24. *Fam.*, 13, 16, 2. Sen., *tranq. anim.*, 9, 5.
[5]) I. L. A., p. 304. 390.
[6]) Cf. Liv., *ep.*, 112. Dio C., 42, 35.
[7]) Plut., *Ant.*, 8. Cf. Cic., *Philip.*, 2, 25, 62. 2, 29, 71.
[8]) Cæs., *b. c.*, 3, 89. Plut., *Ant.*, 8.
[9]) Cic., *Phil.*, 2, 24, 59.

ce dernier, parce qu'on ne savait pas pour combien de temps était conférée la charge de maître de la cavalerie [1]. On a prétendu que le consul avait lui-même nommé M. Antoine, peut-être à l'insu de César; c'est une théorie contredite par les faits. M. Antoine dut commencer l'exercice de ses fonctions vers le milieu de décembre [2].

César avait accepté d'exercer le droit qu'on lui avait conféré sur les comices; il décida que les élections n'auraient pas lieu avant son retour. Au commencement de l'année 47 il n'y eut qu'un seul magistrat curule à Rome, M. Antoine; les tribuns entrés en fonction le 10 décembre 48 furent les seuls fonctionnaires élus; les édiles plébéiens qui avaient dû être élus en même temps, furent probablement suspendus de leurs fonctions [3]. M. Antoine prépara ainsi l'opinion à la monarchie : sa toge prétexte et les six licteurs rappelaient encore les institutions républicaines; l'épée au contraire, qu'il ne quittait jamais, même pendant les jeux, la garde de soldats qui le suivait partout, annonçaient les habitudes monarchiques [4]. Quand en 49 il avait été chargé, comme tribun du peuple et lieutenant de César, de gouverner l'Italie, il avait déjà excité le mécontentement par ses manières hautaines [5]; ce fut bien pis quand il fut maître de la cavalerie [6] : mais il n'eut pas assez d'autorité morale pour contenir la basse plèbe, et maintenir dans la soumission les légions qui venaient de rentrer en Italie.

Les appétits de la plèbe avaient été excités par les propositions de M. Cælius Rufus; il était facile de la soulever de nouveau en reprenant les mêmes propositions [7]. Le tribun qui s'en chargea fut le gendre de Cicéron, P. Cornelius Dolabella. Au début de la guerre civile Dolabella s'était prononcé pour César; nommé au commandement d'une division de la flotte

---

[1]) Dio C., 42, 21. Cf. 45, 28. 46, 13.
[2]) Cic., *Att.*, 11, 7, 2.
[3]) Dio C., 42, 27. Plut., *Ant.*, 8.
[4]) Dio C., 42, 27. 45, 29. 46, 16.
[5]) Cic , *Phil.*, 2, 23, 57. *Att.*, 10, 16, 5. 10, 13, 1. Plut., *Ant.*, 6.
[6]) Cic., *Phil.*, 2, 25, 62. Plut., *Ant.*, 9. Cæs., 51.
[7]) Dio C., 42, 26.

dans la mer Adriatique, il avait perdu une partie de ses vaisseaux (49)[1]; en 48 il avait suivi César en Grèce[2]. Pour devenir tribun il avait passé à la plèbe[3]; très endetté, il prit la défense des débiteurs, tandis que son collègue, L. Trebellius, du parti des optimates, soutint les créanciers[4]. Dolabella reprit, dès le mois de décembre[5], les rogations de Cælius, qui s'appelèrent désormais *Rogationes cornelix de mercedibus habitationum annuis et de novis tabulis*[6]. Trebellius opposa son intercession. Le Sénat décida qu'il ne discuterait pas ces propositions avant le retour de César; il autorisa M. Antoine à faire surveiller la ville par des soldats, et lui confia ainsi qu'à huit tribuns (on excepta Dolabella et Trebellius) la garde de Rome[7]. Parmi ces huit tribuns se trouvait C. Asinius Pollio[8]; en 54 il avait poursuivi devant les tribunaux C. Porcius Caton, et avait naturellement passé dans le parti de César[9]; il était auprès de ce dernier quand il passa le Rubicon[10]. Il avait été ensuite envoyé en Sicile avant Curio, et avait accompagné ce dernier en Afrique[11]; il était revenu en Grèce et avait pris part à la bataille de Pharsale[12].

Trebellius chercha à s'emparer de la personne de Dolabella; il y eut dès lors trois partis armés dans la ville prêts à en venir aux mains[13]. M. Antoine dut quitter Rome pour aller rétablir l'ordre dans les légions; comme César tardait à revenir, les tribuns des soldats ne pouvaient plus les contenir[14].

[1]) App., *b. c.*, 2, 41. Dio C., 41, 40. Cic., *Att.*, 10, 7, 1. Suet., *Cæs.*, 36. Flor., 4, 2, 31. Oros., 6, 15.
[2]) Cic., *Fam.*, 9, 9. *Att.*, 11, 7, 2. *Phil.*, 2, 30, 75.
[3]) Dio C., 42, 29.
[4]) Dio C., 42, 29. Cf. 46, 16. Cic., *Phil.*, 6, 4, 11. 10, 10, 22. 11, 6, 14.
[5]) Cic., *Att.*, 11, 9, 1. Cf. 11, 10, 2. 11, 12, 4. 11, 14, 2. 11, 15, 3. 11, 23, 3. *Fam.*, 15, 15, 3.
[6]) Liv., *ep.*, 113. Plut., *Ant.*, 9. Cf. Dio C., 42, 32.
[7]) Dio C., 42, 29.
[8]) Plut., *Ant.*, 9.
[9]) Cic., *Fam.*, 10, 31, 3.
[10]) Plut., *Cæs.*, 32,
[11]) App., *b. c.*, 2, 40. 45. 46. Plut., *Cat. min.*, 53.
[12]) Suet., *Cæs.*, 30. App., *b. c.*, 2, 82. Plut., *Cæs.*, 46. *Pomp.*, 72.
[13]) Dio C., 42, 29. 46, 16.
[14]) Cæs., *b. Alex.*, 65. Cf. Cic., *Att.*, 11, 10, 2.

Avant de s'éloigner il nomma un préfet de la ville [1] qui fut le
consulaire L. Cæsar, ancien lieutenant de César en Gaule [2];
il ne fut pas capable de dominer les agitations soulevées par
Dolabella et par Trebellius; ces derniers devenaient de plus
en plus audacieux; on ne recevait pas de nouvelles d'Alexandrie, les deux tribuns commençaient à se persuader que César
ne reviendrait pas [3]. On apprit bientôt que la guerre d'Égypte
était finie, les luttes cessèrent; mais elles reprirent à la nouvelle que César allait en Asie [4]. Pour relever sa popularité,
Antoine se décida à prendre parti pour Dolabella; il s'aperçut
bientôt qu'en agissant ainsi il s'aliénait le Sénat sans retrouver sa popularité; il apprit aussi que Dolabella voulait
répudier sa femme, qui était la fille du consulaire C. Antonius; il rompit avec Dolabella, et, tout en paraissant vouloir se tenir au-dessus des partis, se rapprocha de Trebellius [5]. Les luttes devinrent si violentes que les Vestales
crurent devoir mettre en sûreté les objets sacrés en les
retirant du temple de Vesta. Pour la seconde fois le Sénat
rendit le sénatus-consulte suprême (*senatus consultum ulti-
mum*) et chargea M. Antoine de sauver la ville. Dolabella
voulut faire voter ses rogations en protégeant le peuple
avec des hommes armés; M. Antoine dispersa le peuple
avec ses soldats : il périt huit cents personnes dans cette
bagarre [6]. La lutte se prolongea jusqu'au retour de César [7].

Après la prise d'Alexandrie, César avait renoncé à son projet d'organiser l'Égypte en province romaine : il avait donné
le trône à Cléopâtre et à son plus jeune frère [8]. Retenu par les
charmes de Cléopâtre [9], César était resté en Égypte jusqu'au

[1]) Cf. Dio C., 43, 48.

[2]) Cæs., *B. G.*, 7, 65.

[3]) Dio C., 42, 30. Cf. Cic., *Att.*, 11, 15, 1. 11, 16, 2. 11, 17, 3. 11, 18,
1. 11, 25, 2.

[4]) Dio C., 42, 30. Cf. Cic., *Att.*, 11, 21, 2. 11, 22, 2. *Fam.*, 14, 13. 15,
15, 2.

[5]) Dio C., 42, 31. Plut., *Ant.*, 9. Cf. Cic., *Phil.*, 11, 1, 2.

[6]) Dio C., 42, 32. 46, 16. Plut., *Ant.*, 9. Liv., *ep.*, 113.

[7]) Dio C., 42, 33. 45, 29. App., *b. c.*, 2, 92. Cæs., *b. Alex.*, 71, 78.

[8]) Cæs., *b. Alex.*, 33. Suet. *Cæs.*, 35. Dio C., 42, 44. App., *b. c.*, 2,
90. Plut., *Cæs.*, 49. Oros., 6, 16. Eutr., 6, 22.

[9]) Dio C., 42, 34. Plut., *Cæs.*, 49. Suet., *Cæs.*, 52.

commencement de juillet[1] ; à cette date il ne put encore revenir à Rome, il dut se rendre en Asie où les événements se compliquaient.

Le fils de Mithridate, Pharnace, roi du Bosphore, avait refusé d'envoyer à Pompée les troupes que ce dernier lui avait demandées[2] ; il crut pouvoir profiter de la guerre civile pour étendre son royaume ; il envahit la petite Arménie et la Cappadoce[3]. Déjotarus, roi de la Galatie et de la petite Arménie, qui avait soutenu Pompée jnsqu'à Pharsale[4], demanda du secours à Cn. Domitius Calvinus[5]. Calvinus avait dù envoyer une partie de ses légions en Égypte ; il tint cependant la campagne avec Déjotarus contre Pharnace pendant toute l'année 48[6] ; mais il se fit battre près de Nicopolis, et Pharnace put reprendre le Pont, le royaume de ses ancêtres[7]. César, en quittant l'Égypte, s'arrêta d'abord en Syrie[8] ; il chargea Sex. Julius Cæsar[9], flamine de Quirinus, de gouverner la province ; il passa ensuite en Cilicie et se rendit à Nicæa[10]. Il pardonna à Déjotarus d'avoir soutenu Pompée[11], prit avec lui ses troupes[12], et, malgré la faiblesse de son armée, marcha contre Pharnace. Il termina la campagne avec une rapidité qui est restée légendaire (*veni, vidi, vici,*) ; le 2 août[13] il remporta une victoire à Zéla, à l'endroit même où L. Valerius Triarius avait autre

---

[1]) App., *b. c.*, 2, 90. Cf. Cic., *Att.*, 11, 20, 1.

[2]) Dio C., 41, 55. 63. Cæs., *b. Alex.*, 70. Eutr. se trompe 6, 22.

[3]) Cæs., *b. Alex.*, 34. Dio C., 42, 9. 45.

[4]) Cæs, *b. c.*, 3, 4. Dio C., 41, 63. App., *b. c.*, 2, 71. Plut., *Pomp.*, 73. Cic., *Dej.*, 5, 13. 10, 28.

[5]) Cæs., *b. Alex.*, 34.

[6]) Liv., *ep.*, 112.

[7]) Cæs., *b. Alex.*, 34-41. Dio C., 42, 46. App., *b. c.*, 2, 91. *Mithr.* 120. Plut., *Cæs*, 50. Suet., *Cæs.*, 36. Cf. Cic., *Att.*, 11, 16, 1. *Dej.*, 5 14. 9, 24.

[8]) Cæs., *b. Alex.*, 65. Cic., *Att.*, 11, 20, 1.

[9]) Cic., *Har. resp.*, 6, 12. Cæs., *b. c.*, 2, 20.

[10]) Cæs., *b. Alex.*, 66. Cf. Jos., *Ant. jud.*, 14, 9, 2. *b. Jud.*, 1, 9, 5. Dio C., 47, 26. App., *b. c.*, 3, 77.

[11]) Cæs., *b. Alex.*, 67. Cic., *Att.*, 14, 1, 2. *Brut.*, 5, 21. Plut., *Brut.*, 6. Tac., *Dial.*, 21.

[12]) Cic., *Dej.*, 5, 14. 9, 24.

[13]) I. L. A., p. 324. 398. *Ephem. epigr.*, vol. I, p. 35.

fois perdu une armée romaine pendant la guerre contre Mithridate [1].

César nomma gouverneur du Pont M. Cœlius Vinicianus [2], qui avait dû être préteur en 48 ; Cn. Domitius Calvinus conserva probablement l'Asie et la Cilicie [3]. Déjatorus dut abandonner une partie de son royaume, prise sur la petite Arménie ; il conserva le titre de roi, César donna le territoire de la petite Arménie, enlevé à Déjotarus, à Ariobarzane de Cappadoce. La Galatie fut concédée à Mithridate de Pergame (*Pergamenus*), qui avait envoyé des troupes à César lors de la guerre d'Alexandrie, et lui avait prêté un appui très utile [4]. On lui promit encore le royaume de Pharnace [5] : en rentrant dans son royaume de Bosphore, Pharnace avait été assassiné par Asander [6].

Passant par la Grèce [7], César se dirigea vers l'Italie, où il arriva plus tôt qu'on ne l'attendait, vers le commencement de septembre [8]. Les rivalités de Dolabella, de Trebellius et de M. Antoine cessèrent immédiatement [9]. Mécontent d'Antoine [10], César dut lui retirer son titre de maître de la cavalerie [11], sans lui donner de successeur [12]. Il pardonna à Dolabella [13] ; César reconnut lui-même qu'il fallait régler par des lois les questions qu'il avait soulevées, et proposa une loi sur les loyers : *lex Julia de mercedibus habitationum annuis* : la loi supprimait une année de loyer pour les locataires

---

[1]) Cæs., *B. Alex.*, 69-76. Dio C., 42, 47. 44, 46. App., *b. c.*, 2, 91. *Mithr*. 120. Plut., *Cæs.*, 50. Liv., *ep.*, 113. Vell., 2, 55. Suet., *Cæs.*, 35. Flor., 4 2, 61 et seq. Oros., 6, 16. Eutr., 6, 22. Front., *Strat.*, 2, 2, 3.

[2]) Cæs., *B. Alex.*, 77.

[3]) Dio C., 42, 49.

[4]) Cæs., *B. Alex.*, 26 et seq. Dio C., 42, 41. Jos., *B. Jud.*, 1, 9, 3.

[5]) Cæs., *B. Alex.*, 78. Dio C., 42, 48. 41, 63. App., *Mithr.*, 121. Cic , *Dej.*, 9, 25. 13, 35. *Phil.*, 2, 37, 94. *de div.*, 1, 15, 27. 2, 37, 79.

[6]) Dio C., 42, 46. App., *Mithr.*, 120.

[7]) Dio C., 42, 49. Cf. Cic., *Att.*, 11, 20, 2. 11, 21, 2.

[8]) Cæs., *B. Alex.*, 78. Cic., *Fam.*, 14, 23. 22. 20.

[9]) App., *b. c.*, 2, 92.

[10]) Cf. Cæs., *B. Alex.*, 65. Plut., *Ant.*, 10. Dio C., 45, 28.

[11]) Cic., *Phil.*, 2, 29, 71.

[12]) I. L. A., p. 440. 453. Dio C., 43, 1 et Eutr., 6, 23 se sont trompés.,

[13]) Dio C., 42, 33. 50. Plut., *Ant.*, 10. Cæs., 51.

qui payaient à Rome moins de 2,000 sesterces, dans le reste
de l'Italie, moins de 500[1]; ce fut un impôt établi sur les
propriétaires qui faisaient un métier de louer leurs maisons.
Mais César ne voulut pas approuver la proposition de Dolabella sur la suppression des dettes (*de novis tabulis*). [2] Il se
contenta de faire observer strictement sa loi Julia de pecu-
niis mutuis (voir plus haut, page 470)[3]. Il voulut ensuite
forcer les capitalistes à des placements honnêtes, et déga-
ger la propriété des hypothèques qui la gênaient; pour
compléter la loi Julia (surtout le troisième article), il fit une
loi *Julia de modo credendi et possidendi intra Italiam :* elle
obligeait les capitalistes à employer une partie de leurs fonds
pour l'achat de terres; les biens-fonds ne pourraient être
grevés que jusqu'à concurrence d'une somme déterminée[4].

Les associations religieuses autorisées par la loi Clodia de
58 étaient devenues des foyers d'agitation démocratique;
César les supprima par un édit (non par une loi), en exceptant
les plus anciennes et l'association juive[5].

César ne voulut pas profiter pour cette année (47) du droit
que lui avait conféré le sénat de prendre la consulat pendant
cinq années consécutives, de 47 à 43; il fit nommer des
consuls pour les trois derniers mois de 47: Q. Fufius
Galenus et P. Vatinius[6]. Vatinius, lieutenant de César en
Gaule en 51 [7], l'avait accompagné en Grèce en 48[8]; avant
Pharsale César l'avait nommé commandant du port de
Brindes; Vatinius avait défendu[9] le port et la ville contre une
attaque de D. Lælius[10]. Il était allé ensuite en Illyrie;
A. Gabinius avait été chargé avec le questeur Q. Cornificius,

---

[1]) Dio C., 42; 51. Suet., *Cæs.*, 38.
[2]) Dio C., 42, 50.
[3]) Dio C., 42, 51. Cf. Cic., *Fam.*, 9, 18, 4.
[4]) Tac., *Ann.*, 6, 16 et seq. Cf. Suet., *Tib.*, 48. 49. Cic., *Marc.*, 8, 23
Revocanda fides.
[5]) Suet., *Cæs.*, 42. Jos., *Ant. Jud.*, 14, 10, 8.
[6]) Dio C., 42, 51. 55. Cf. Suet., *Cæs.*, 76. Suet., dans ce passage,
confond l'année 47 avec l'année 46.
[7]) Cæs., *B. G.*, 8, 46.
[8]) Cæs., *b. c.*, 3, 19. 90.
[9]) Cæs., *b. c.*, 3, 100.
[10]) Cic., *Att.*, 8, 11 D, 1. 8, 12 A, 3. Cæs., *b. c.*, 3, 5. 40.

faisant fonction de préteur, de défendre l'Illyrie contre les
attaques des Pompéiens ; Gabinius s'était laissé battre par
les Illyriens en 47, et était mort à Salona[1] ; Vatinius, accouru
de Brindes pour porter secours à Cornificius, montra beaucoup
d'énergie, battit le pompéien M. Octavius dans un combat
naval et l'éloigna des côtes illyriennes[2]. Vatinius, à ce qu'il
semble, resta peu à Rome pendant son consulat[3] : il dut
retourner en Illyrie pour y rétablir l'ordre. Usant de son droit,
César désigna les personnes qu'il désirait faire élire aux
fonctions de préteur, d'édile curule et de questeur ; ce fut
pour lui une occasion de récompenser ses partisans[4]. Parmi
les préteurs, nous trouvons les noms de C. Sallustius
Crispus[5], qui avait été chassé du sénat en 50, et de Q. Cornificius, dont nous venons de parler[6].

Par une loi *Julia de sacerdotiis* il porta de quinze à seize le
nombre des prêtres qui composaient les collèges des augures,
des pontifes et des quindecimviri, sans compter la place qu'il
avait déjà prise ou qu'il devait prendre dans chaque collège[7].
La loi de César ne changea rien aux règles suivies jusque-là
pour l'élection[8] ; on put nommer des absents[9]. Dans le collège des augures P. Vatinius remplaça Appius Claudius[10], qui
était mort en Eubée[11]. Par une loi *Julia de prætoribus decem
creandis*, César décida qu'il y aurait désormais dix préteurs au
lieu de huit[12]. En vertu de ses pouvoirs dictatoriaux qui lui
permettaient de dresser la liste du sénat, il fit entrer dans

[1]) Cæs., *B. Alex.*, 42. App., *b. c.*, 2, 58. 59. *Illyr.*, 12. 25. 27. Dio C.,
42, 11. Plut., *Ant.*, 7. Cic., *Att.*, 11, 16, 1.
[2]) Cæs., *B. Alex.*, 43-47. Dio C., 42, 11. Cf. *B. Afr.*, 10.
[3]) Macrob., *Sat.*, 2, 3, 5.
[4]) Dio C., 42, 51.
[5]) Dio C., 42, 52. Cf. Cæs., *B. Afr.*, 8, 34. Cic., *Att.*, 11, 20, 2.
[6]) Cf. les lettres écrites par Cic. en 46 : *Fam.*, 12, 17, 1. 12, 18, 1.
12, 19.
[7]) Dio C., 42, 51. Cf. Cic., *Fam.*, 13, 68, 2.
[8]) Nic. Dam., *Vit. Aug.*, 4.
[9]) Cic., *ad. Brut.*, 1, 5, 3.
[10]) Cic., *Fam.*, 5, 10 a, 2.
[11]) Val. Max., 1, 8, 10. Oros., 6, 15.
[12]) Dio C., 42, 51. Cf. Suet., *Cæs.*, 41. Pomp., *Dig.*, 1, 2, 2, 32.

la haute assemblée des chevaliers, et même quelques centurions, pour remplacer les sénateurs décédés [1].

César ne tint pas rigueur aux Pompéiens qui se soumirent; il se garda bien d'user du droit de punir que lui avait accordé le sénat pour devenir un second Phalaris [2]. Après Pharsale il avait pardonné à tous ceux qui n'avaient pas persisté dans leur opposition [3]; il pardonna aussi à tous ceux qui lui demandèrent leur grâce pendant qu'il était en Asie et en Grèce [4]. Cependant, en nommant M. Antoine maître de la cavalerie à la fin de 48, il lui avait envoyé d'Alexandrie l'ordre de chasser de l'Italie tous les Pompéiens, à l'exception de ceux dont il avait déjà réglé le sort [5]. Cicéron eut à souffrir de cet ordre, Antoine voulut le forcer à quitter l'Italie. Avant comme pendant la campagne, Cicéron avait été en très mauvais termes avec Pompée et les optimates [6]; il s'arrêta à Dyrrachium après Pharsale [7], puis revint à Corcyre quand le parti de Pompée fut complètement défait [8]; à la fin d'octobre il débarqua à Brindes [9]. Mais M. Antoine apprit bientôt que Dolabella avait obtenu de César l'autorisation pour son beau-père de revenir en Italie; il lui permit, ainsi qu'à Lælius, qui avait commandé une flotte de Pompée, de séjourner en Italie [10], mais lui défendit de revenir à Rome. Alors, d'octobre 48 au mois d'août 47, Cicéron dut rester à Brindes [11], sous

[1] Dio C., 42, 51. 43, 20. Cæs., *B. Afr.*, 28. Cf. Suet., *Cæs.*, 41. Senec., *controv.*, p. 207 Bu. Macrob., *Sat.*, 2, 3, 10. 7, 3, 8. Gell., 15, 4, 3.

[2] Cic., *Att.*, 7, 20, 2.

[3] Liv., *ep.*, 111. Dio C., 41, 62. 44, 45. Cic., *Att.*, 11, 7, 1. *Lig.*, 10, 29.

[4] Cic., *Att.*, 11, 14, 1. 11, 20. 11, 21, 3. *Fam.*, 15, 15, 2. 13, 29, 4. Corn. Nep., *Att.*. 7. Dio C., 42, 13.

[5] Cic., *Att.*, 11, 7, 2.

[6] Cic., *Fam.*, 4, 14, 2. 5, 21, 2. 6, 1, 5. 6, 6, 6. 6, 21, 1. 7, 3, 2. 9, 6, 3. *Att.*, 11, 3, 3. 11, 4, 1. 11, 6, 2. *Marc.*, 5, 14. 6, 16. *Lig.*, 9, 28. *Phil.*, 2, 15. Plut., *Cic.*, 38. *Pomp.*, 64. Macrob., *Sat.*, 2, 3, 7.

[7] Liv., *ep.*, 111. Plut., *Cic.*, 39. Cf. Cic., *de div.*, 1, 32, 68. 2, 55 114. *Att.*, 11, 4, 2. *Fam.*, 9, 18, 2.

[8] Cic., *Fam.*, 15, 15, 1. 7, 3, 3. 9, 5, 2. *Att.*, 11, 7, 3. *Dej.*, 10, 29. Plut., *Cic.*, 39. *Cat. min.*, 55. Dio C., 42, 10.

[9] Cic., *Fam.*, 14, 12. *Att.*, 11, 6. 11, 9, 1. *Phil.*, 2, 24, 59. 2, 3, 5

[10] Cic., *Att.*, 11, 7, 2. 11, 9, 1. 11, 14, 1. 11, 15, 2.

[11] Cic., *Att.*, 11, 5-25. *Fam.*, 14, 19. 9. 17. 16. 11. 15. 10. 13. 15, 15, 3. 13, 10, 3. 11, 27, 4.

la protection de P. Vatinius[1] ; enfin une lettre de César écrite d'Égypte l'autorisa à rentrer dans Rome, et en même temps à conserver ses licteurs et tous les insignes du pouvoir proconsulaire [2]. Cicéron alla trouver César quand ce dernier rentra en Italie [3], et au commencement d'octobre se retira dans sa villa de Tusculum [4], bien décidé à se tenir à l'écart de la vie politique, et à se livrer exclusivement aux études philosophiques [5].

César avait grand besoin d'argent ; en Asie il avait levé les contributions qui avaient été promises à Pompée, et en avait établi de toutes sortes [6] ; il avait été souvent obligé de contracter des emprunts auprès des riches particuliers et des compagnies financières [7] ; on comprend qu'après son retour, il n'hésita pas à confisquer les biens de Pompée et des optimates qui avaient succombé en soutenant ce dernier [8]. Il lui fallait maintenant entreprendre une nouvelle campagne ; pendant qu'il était en Égypte, les débris du parti pompéien s'étaient réunis en Afrique ; unis avec Juba de Numidie, qui en 48 avait envoyé des secours à Pompée [9], les derniers défenseurs de la cause pompéienne avaient réuni des forces considérables [10].

Depuis la défaite de C. Curio l'Afrique était au pouvoir de P. Atius Varus [11]. Plus avisé que Pompée, Q. Metellus Scipion s'était réfugié dans cette province après Pharsale [12]. M.

---

[1] Cic., *Att.*, 11, 5, 4. 11, 9, 2.
[2] Cic., *Fam.*, 14, 23, 24. *Lig.*, 3, 7. *Fam.*, 4, 14, 1. *Dej.*, 14, 38.
[3] Plut., *Cic.*, 39. Cf. Cic., *Fam.*, 14, 22.
[4] Cic., *Fam.*, 14, 20.
[5] Cic., *Fam.*, 4, 3, 4. 4, 4, 4. 7, 33, 2. 9, 1, 2. Plut., *Cic.*, 40.
[6] Dio C., 42, 49.
[7] Dio C.. 42, 50. Corn. Nep., *Att.*, 7.
[8] Dio C., 42, 50. 51. 45, 28. 46, 14. Cic., *Phil.*, 2, 26, 64. 8, 3, 9. *Fam.*, 13, 8, 2. *Off.*, 1, 14, 43. Suet., *Cæs.*, 50. Plut., *Ant.*, 10. Cf. App., *b. c.*, 5, 79.
[9] Cæs., *B. Alex.*, 51.
[10] Dio C., 42, 9. Plut., *Cæs.*, 52. Cic., *Att.*, 11, 7, 3. 11, 10, 2. 11, 12, 3. 11, 17, 3. *Fam.*, 15, 15, 2. 4, 7, 3.
[11] Dio C., 42, 56. App., *b. c.*, 2, 87. Plut., *Cat. min.*, 56. Cf. Cic., *Lig.*, 7, 22. 24.
[12] Vell., 2, 54. Dio C., 42, 13. Plut., *Cat. min.*, 56. App., *b. c.*, 2, 87, est d'un avis différent.

Caton y était aussi venu. En 49 Caton s'était donné à Pompée dès le mois d'avril[1] ; il avait été chargé la même année d'une mission en Asie[2] ; en 48 il avait défendu Dyrrachium[3] ; après Pharsale il s'était retiré à Corcyre[4], puis à Patræ[5], et de là avait gagné Cyrène[6] avec son armée ; traversant le désert il était enfin arrivé dans la province d'Afrique[7]. A Dyrrachium, à Corcyre, à Patræ, il avait été rejoint par les personnages les plus marquants du parti : T. Labiénus, L. Afranius, M. Octavius, Cn. Pompée, le fils aîné du grand Pompée, M. Petreius et Faustus Sylla[8]. Ce fut vers l'Afrique enfin que se dirigèrent tous ceux qui ne pouvaient pas attendre leur pardon de César[9].

On vit donc se réunir sur un même point tous les hommes marquants, tous les chefs capables que possédait encore le parti de Pompée[10]. Malgré l'expérience acquise, ils continuaient à se jalouser ; P. Atius Varus et Q. Métellus Scipion se disputaient le commandement en chef. M. Caton se prononça pour Scipion qui fut reconnu ; on avait offert à Caton les mêmes pouvoirs qu'à Scipion ; il les refusa et se contenta du gouvernement d'Utique, ville attachée à César à cause de la loi Julia repetundarum[11] ; là il s'occupa de procurer de l'argent, des armes et des approvisionnements à l'armée[12].

[1]) App., *b. c.*, 2, 40.

[2]) Plut., *Cat. min.*, 54. Cf. Val. Max., 4, 3, 12.

[3]) Plut., *Cat. min.*, 55. *Pomp.*, 67. *Cic.*, 39. Cic., *de div.*, 1, 32, 68. 2, 55, 114.

[4]) Plut., *Cat. min.*, 55.

[5]) Dio C., 42, 10-13. Cic., *Att.*, 11, 5, 4. 11, 10, 1.

[6]) Dio C., 42, 13. Plut., *Cat min.*, 56. *Pomp.*, 76.

[7]) Plut., *Cat. min.*, 56. Liv., *ep.*, 112. Vell., 2, 54. Aur. Vict., *Vir. ill.*, 80.

[8]) Dio C., 42. 10-13. Cf. Eut., 6, 23. Front., *Strat.*, 2, 7, 13. Cic., *de div.*, 1, 32, 68. App., *b. c.*, 2, 87 a commis une confusion.

[9]) Cic., *Att.*, 11, 14, 1. 3. 11, 15, 1.

[10]) L. Lentulus Crus avait été assassiné en Égypte peu de temps après Pompée (Cæs., *b. c.*, 3, 102. 104. Plut., *Pomp.*, 73. 80. Oros., 6, 15. Val. Max., 1, 8, 9.); son collègue dans le consulat de 49, C. Claudius Marcellus, était mort on ne sait où ni comment (Cic., *Phil.*, 13, 14, 29); mort aussi P. Lentulus Spinther. (Plut., *Pomp.*, 73. Cic. *Att.*, 11, 13, 1. *Fam.*, 12, 14, 3. 9, 18, 2. *Phil.*, 13, 14, 29. Cæs., *b. c.*, 3, 102.)

[11]) Cæs., *B. Afr.*, 87.

[12]) Dio C., 42, 57. Plut., *Cat. min.*, 57 et seq. App., *b. c.*, 2, 87. Cæs., *B. Afr.*, 22. 36. 87. Liv., *ep.*, 113. Vell., 2, 54. Aur. Vict., *Vir. ill.*, 80.

Scipion eut sous ses ordres dix légions ; le roi Juba, dont il fallut acheter l'alliance par des soumissions humiliantes pour des républicains [1], en eut quatre [2]. Avec la flotte on fit des excursions jusqu'en Sardaigne et en Sicile [3] ; on eut l'espoir de porter la guerre jusqu'en Italie [4], et peut-être de traiter d'égal à égal avec 'César [5]. On n'engagea cependant aucune négociation ; on avait appris que les légions d'Espagne étaient insurgées contre les Césariens [6] ; on compta sur elles pour porter la guerre en Italie [7].

En Espagne, Q. Cassius Longinus avait provoqué dès 48 la révolte des légions par sa rapacité et les mauvais traitements qu'il infligeait aux soldats ; il ne put rétablir son autorité [8] avant l'arrivée de son successeur, l'ancien préteur C. Trébonius [9]. En quittant la province, Cassius Longinus se noya dans l'Ebre [10] ; son successeur crut en 47 avoir rétabli l'ordre, mais les soldats envoyèrent secrètement prévenir Scipion en Afrique ; Scipion leur envoya Cn. Pompée [11] qui dut prendre le gouvernement de l'Espagne, et détacher cette province du parti de César [12].

César avait encore d'autres sujets d'inquiétude ; les légions que M. Antoine avait ramenées en Italie après Pharsale, étaient de plus en plus mécontentes ; elles se plaignaient de ce que César ne leur avait pas accordé les distributions d'argent et de terres qu'il leur avait promises avant Pharsale ; elles demandaient leur licenciement et faisaient des menaces [13].

[1]) Cæs., *B. Afr.*, 8. 57. Plut., *Cat. min.*, 57. Dio C., 43, 4.
[2]) Cæs., *B. Afr.*, 1.
[3]) Dio C., 42, 56. Cæs., *B. Afr.*, 98.
[4]) Cic., *Att.*, 11, 15, 1. 11, 18, 1. Plut., *Cat. min.*, 58. Dio C., 42, 56.
[5]) Cic., *Att.*, 11, 19, 1. 11, 24, 5.
[6]) Cic., *Att.*, 11, 10, 2. 11, 12, 3. 11, 16, 1.
[7]) Dio C., 42, 56. 43, 29.
[8]) Cæs., *B. Alex.*, 48-63. Dio C., 42, 15. 43, 1. Liv., *ep.*, 111. Cic., *Att.*, 11, 10, 2. 11, 12, 3. 11, 16, 1. Val. Max., 9, 4, 2.
[9]) Cic., *Fam.*, 15, 20, 2.
[10]) Cæs., *B. Alex.*, 64. Dio C., 42, 16.
[11]) Cf. Cæs., *b. c.*, 3, 5. 40. Dio C., 42, 12. Plut., *Cic.*, 39. *Cat. min.*, 55. 59. Cic., *Fam.*, 15, 19, 4.
[12]) Dio C., 43, 29. 42, 56. Liv., *ep.*, 113. Cf. Cæs., *B. Afr.*, 22. Cic., *Att.*, 12, 2, 1.
[13]) App., *b. c.*, 2, 92.

D'Asie César leur avait envoyé l'ordre de quitter la Campanie et de passer en Sicile ; l'ordre n'avait pas été exécuté ; elles avaient chassé le messager de César, P. Cornelius Sulla, qui avait commandé l'aile droite à Pharsale [1] ; elles s'étaient encore livrées à d'autres violences [2]. César chargea alors le préteur C. Sallustius Crispus de les conduire en Sicile [3], et de promettre à chaque soldat mille deniers en plus [4]. Le préteur n'obtint aucun résultat, et faillit succomber ; les légions se mirent en pleine révolte, égorgèrent deux prétoriens, Cosconius et Galba, et marchèrent sur Rome [5]. Elles occupèrent le Champ de Mars. César parut tout à coup au milieu des soldats mutinés, et monta sur un tribunal ; s'adressant aux soldats, il les désigna avec dédain sous le nom de *quirites*, leur accorda leur licenciement, indiqua les provinces où ils recevraient des terres, et promit de leur donner l'intérêt des sommes dont il a été question plus haut, jusqu'à ce qu'elles fussent entièrement payées. Les soldats changèrent de dispositions et demandèrent à grands cris qu'on les conduisît en Afrique ; César enrôla les plus violents comme volontaires, afin de ne pas les laisser derrière lui en Italie, et les emmena en Afrique [6].

Avant de partir, César dirigea l'élection des magistrats de 46 [7] ; il se fit nommer consul, et prit pour collègue, malgré la loi Licinia de plebeio consule, le patricien M. Æmilius Lepidus [8] ; gouverneur de l'Espagne citérieure en 48, Lepidus était intervenu dans les difficultés qu'avait éprouvées Q. Cassius Longinus, et avait obtenu le triomphe [9]. César, qui était toujours dictateur (*dictator iterum*) ne nomma plus de maître

[1] Cæs., *b. c.*, 3, 51. 89. 99. App., *b. c.*, 2, 76.
[2] Cic., *Att.*, 11, 20, 2. 11, 24, 2. 11, 22, 2. Cf. Cæs., *B. Afr.*, 19. 28. 54.
[3] Cic., *Att.*, 11, 20, 2.
[4] App., *b. c.*, 2, 92.
[5] Dio C., 42, 52. Plut., *Cæs.*, 51.
[6] Dio C., 42, 52-55. 43, 13. App., *b. c.*, 2, 92. et seq. Plut., *Cæs.*, 51. Suet., *Cæs.*, 70. Liv., *ep.*, 113. Front., *Strat.*, 1, 9, 4.
[7] Dio C., 42, 51.
[8] Dio C., 43, 1. Plut., *Ant.*, 10. Eutr., 6, 23.
[9] Cæs., *B. Alex.*, 59. 63. Dio C., 43, 1.

de la cavalerie[1] ; pendant son absence, Lepidus gouverna
l'État en qualité de consul seulement[2]. Des dix préteurs[3]
élus à ce moment, nous connaissons L. Volcatius Tullus[4], fils
du consulaire du même nom, et A. Hirtius[5], le protégé favori
de César[6] ; il est probable que C. Albius Carrinas fut aussi
préteur[7].

César donna ensuite des gouverneurs aux provinces qui
étaient vacantes ; rompant avec une habitude qui avait toujours été respectée, il se dispensa de choisir tous les titulaires
parmi les anciens préteurs. C. Trebonius garda l'Espagne
ultérieure ; dans l'Espagne citérieure, M. Æmilius Lepidus
fut remplacé par Q. Pedius et Q. Fabius Maximus, qui eurent
le titre de légats[8]. La Gaule transalpine resta au pouvoir de
D. Junius Brutus[9] ; M. Junius Brutus eut la Cisalpine[10]. A.
Allienus garda quelque temps la Sicile[11], son successeur
désigné fut M. Acilius Glabrio[12]. Il est probable que Sex.
Peducæus resta en Sardaigne. En Grèce, Ser. Sulpicius Rufus
remplaça Q. Fufius Calenus[13] ; Rufus avait d'abord suivi
Pompée, pendant que ce dernier resta en Italie[14], puis il était
allé se mettre à la disposition de César[15] en Asie[16] ; nous ne
savons pas si Rufus eut en même temps la Macédoine.
L'Illyrie fut donnée à P. Sulpicius Rufus[17]. L'ancien consul

---

[1]) I. L. A., p. 440. Dio C., 43, 1 commet une erreur.

[2]) Cf. Cic., *Fam.*, 13, 26, 3. Dio C., 43, 33.

[3]) Dio C., 42, 51. Suet., *Cæs.*, 76 les appelle à tort des préfets.

[4]) Cic., *Fam.*, 13, 14, 1.

[5]) I. L. A., p. 451.

[6]) Cic., *Att.*, 7, 4, 2. 10, 4, 11. 11, 20, 1. Cf. *Fam.*, 16, 27, 2.

[7]) Cf. App., *b. c.*, 4, 83.

[8]) Cæs., *B. Hisp.*, 2.

[9]) Liv., *ep.*, 114. App., *b. c.*, 2, 111.

[10]) Plut., *Brut.*, 6. App., *b. c.*, 2, 111. Cf. Cic., *Fam.*, 6, 6, 10. 13, 10-
14. *Brut.*, 46, 171. *Orat.*, 10, 34.

[11]) Cæs., *B. Afr.*, 2, 26. 34.

[12]) Cic., *Fam.*, 13, 30-39.

[13]) Cic., *Fam.*, 4, 4, 2. 6, 6, 10. Cf. 4, 3. 4, 6. 6, 1, 6. 6, 4, 5. 7, 29, 1.
13, 17-28.

[14]) Cic., *Att.*, 10, 14, 1. *Fam.*, 4, 4, 2.

[15]) Cic., *Att.*, 11, 7, 4. 11, 13, 1. 11, 25, 2.

[16]) Cic., *Fam.*, 4, 5, 4.

[17]) Cic., *Fam.*, 13, 77. Cf. *B. Afr.*, 10.

de 48, P. Servilius Vatia Isauricus, membre du collège des augures, obtint le gouvernement de l'Asie[1]. C. Vibius Pansa resta en Bithynie[2] ; la Cilicie fut donnée au questeur C. Sextilius Rufus[3] ; nous ne savons rien au sujet de la Crète et de la Cyrénaïque ; Sex. Julius Cæsar conserva la Syrie.

Après un séjour d'environ trois mois à Rome, César partit pour l'Afrique en décembre[4] ; le 17, il était à Lilybée ; il s'y embarqua le 25 avec six légions ; le 28, il débarqua à Adrumète[5]. Le 1er janvier 46, il dressa son camp près de Ruspina[6] ; le 4, il livra près de cette ville un combat indécis à T. Labienus et à M. Petreius[7]. César n'avait pas les forces suffisantes[8] ; heureusement pour lui que P. Sittius, ancien partisan de Catilina, alors au service du roi Bocchus de Mauritanie, retint le roi Juba en dirigeant une attaque contre Cirta, et empêcha le roi de faire sa jonction avec Scipion[9]. Quand il eut reçu des renforts, César prit l'offensive le 25 janvier[10]. Juba fit alors sa jonction avec Scipion[11], et César reçut de Sicile la dixième et la neuvième légion[12] ; les deux armées s'observèrent devant Uzitta[13] pendant trois mois, le mois de février, le mois intercalaire de février[14] et le mois de mars. Le 21 mars, après avoir accompli la cérémonie du lustre dans son armée, César offrit inutilement la bataille à Scipion[15] ; le 4 avril, il se dirigea vers Thapsus, et livra enfin,

[1] Cic., *Fam.*, 12, 66-72. Jos., *Ant. Jud.*, 14, 10, 8. 20. 21.
[2] Cf. Cic., *Att.*, 11, 14, 3. *Lig.*, 3, 7.
[3] Cic., *Fam.*, 13, 48.
[4] Cic., *de div.*, 2, 24, 52.
[5] Cæs., *B. Afr.*, 1-3. Dio C., 42, 58. Suet., *Cæs.*, 50. Front., *Strat.*, 1, 12, 2.
[6] Cæs., *B. Afr.*, 4-6.
[7] Cæs., *B. Afr.*, 7-19. Dio C., 43, 2. App , *b. c.*, 2, 95. Plut., *Cæs.*, 52.
[8] Cæs., *B. Afr.*, 20. 24. 26-36.
[9] Cæs., *B. Afr.*, 25. 36. 48. Dio C., 43, 3. App., *b. c.*, 2, 96. 4, 54.
[10] Cæs., *B. Afr.*, 37-47. Dio C., 43, 4. Cf. Val. Max., 3, 8, 7. 8, 14, 5.
[11] Cæs., *B. Afr.*, 48. Suet., *Cæs.*, 66.
[12] Cæs., *B. Afr.*, 53 et seq. Cic., *Att.*, 12, 2, 1. *Dej.*, 9, 25.
[13] Cæs., *B. Afr.*, 49-52. 55-74. Dio C., 43, 5. Liv., *ep.*, 113.
[14] Cens., 20, 8. Suet., *Cæs.*, 40.
[15] Cæs., *B. Afr.*, 75-78. Dio C., 43, 6.

le 6, la bataille de ce nom [1] : Juba et Scipion furent complètement battus [2].

Quelques jours après Utique ouvrit ses portes à l'avant-garde de César; M. Caton, qui avait voulu soutenir les Pompéiens jusqu'au bout, venait de se donner la mort [3]. Juba et Petreius, qui s'étaient réfugiés à Zama, en furent chassés ; ils se donnèrent aussi la mort [4]. Faustus Sylla et L. Afranius essayèrent de traverser la Mauritanie pour gagner l'Espagne; ils furent arrêtés par P. Sittius, qui avait battu le général de Juba, Saburra [5], et marchait vers Utique ; sur l'ordre de César, ils furent égorgés tous deux [6]. Scipion s'était jeté dans un vaisseau avec L. Manlius Torquatus [7] et quelques autres pour se rendre en Espagne [8]; il fut pris près d'Hippo regius par la flotte de P. Sittius; Scipion se suicida [9]. César fit aussi mettre à mort le jeune L. Julius Cæsar [10], qui était déjà venu en Afrique en 49 [11], et, en dernier lieu, avait rempli les fonctions de questeur auprès de Caton [12]. Parmi les personnages marquants, T. Labienus et P. Atius Varus [13] arrivèrent seuls en Espagne [14].

[1] I. L. A., p. 316. 391. Ovid., *Fast.*, 4, 379.

[2] Cæs., *B. Afr.*, 79-86. App., *b. c.*, 2, 96. Dio C., 43, 7. Plut., *Cæs.*, 53. *Cat. min.*, 58. Liv., *ep.*, 114. Vell., 2, 55. Suet., *Cæs.*, 35. Flor., 4, 2, 64 et seq. Eutr., 6, 23. Oros., 6, 16.

[3] Cæs., *B. Afr.*, 87. Plut., *Cat. min.*, 59-72. Cæs., 54. Dio C., 43, 10. App., *b. c.*, 2, 98. Liv., *ep.*, 114. Flor., 4, 2, 70 et seq. Eutr., 6, 23. Oros., 6, 16. Aur. Vict., *Vir. ill.*, 80. Cf. Cic.. *Fam.*, 9, 18, 2. *Att.*, 12, 4, 2. *Tusc.*, 1, 30, 74. *Off.*, 1, 31, 112. Val. Max., 5, 1, 10. 3, 2, 14.

[4] Cæs., *B. Afr.*, 91-94. Dio C., 43, 8. App. *b. c.*, 2, 100. Liv., *ep.*, 114. Flor., 4, 2, 69. Oros., 6, 16.

[5] Cæs., *B. Afr.*, 93. Dio C., 43, 8.

[6] Cæs., *B. Afr.*, 95. Dio C., 43, 12. Liv., *ep.*, 114. Suet., *Cæs.*. 75. Flor., 4, 2, 90. Aur. Vict., *Vir. ill.*, 78. Eutr., 6, 23. Oros., 6, 16. Cf. Cic., *Fam.*. 9, 18, 2.

[7] Cf. Cæs., *b. c.*, 3, 11.

[8] Plut., *Cat. min.*, 60. 62.

[9] Cæs., *B. Afr.*, 96. Dio C., 43, 9. App., *b. c.*, 2, 100. Liv., *ep.*, 114. Val. Max., 3, 2, 13. Flor., 4, 2, 68. Oros., 6, 16. Cf. Cic., *Fam.*, 9, 18, 2.

[10] Dio C., 43, 12. Suet., *Cæs.*, 75. Cf. Cic., *Fam.*, 9, 7, 1.

[11] Cæs., *b. c.*, 2, 23. Dio C., 41, 41.

[12] Cæs., *B. Afr.*, 88. Plut., *Cat. min.*, 66.

[13] Cf. Cæs., *B. Afr.*, 44. 62 et seq.

[14] Dio C., 43, 30. Cæs., *B. Hisp.*, 18. 27. Oros., 6, 16.

M. Octavius [1] dut aussi échapper aux poursuites des Césariens [2].

César se montra généreux à l'égard de ceux qui offrirent leur soumission [3]; ils furent, du reste, peu nombreux. Le royaume de Juba fut érigé en province sous le nom de *Numidia* ou *Africa nova*; l'ancien préteur C. Sallustius Crispus, qui, pendant la campagne, avait été chargé des approvisionnements [4], en fut nommé proconsul [5]. P. Sittius reçut une partie du royaume de Masinissa [6]; Utique et d'autres villes durent payer des contributions considérables [7]. César laissa des soldats des légions en Afrique, craignant qu'ils ne donnassent encore une fois, revenus en Italie, l'exemple de l'insubordination [8]. César partit d'Utique le 13 juin; le 16, il débarqua en Sardaigne; retenu par les vents contraires, il n'arriva à Rome que le 25 juillet [9].

[1]) Cf. Cæs., *B. Afr.*, 44.
[2]) Plut., *Cat. min.*, 65.
[3]) Dio C., 43, 12. Liv., *ep.*, 114. Cæs., *B. Afr.*, 89. 95.
[4]) Cæs., *B. Afr.*, 8. 34.
[5]) Cæs.. *B. Afr.*, 97. Dio C., 43, 9. 48, 21. App. *b. c.*, 2, 100. 4, 53. Cf. Vell., 2, 39.
[6]) App., *b. c.*, 4, 54.
[7]) Cæs., *B. Afr.*, 90. 97.
[8]) Dio C., 43, 14.
[9]) Cæs., *B. Afr.*, 98. Cf. Cic., *Fam.*, 9, 7, 2. 9, 6, 1.

CHAPITRE VINGT-DEUXIÈME

Après Thapsus le sénat vota en l'honneur de César des actions de grâces qui devaient durer quarante jours[1]. Tous les fonctionnaires rivalisèrent de zèle auprès du sénat et du peuple pour faire des propositions agréables au vainqueur ; elles furent toutes votées[2] ; mais nous connaissons seulement celles que César voulut bien agréer[3]. Quelques-unes devinrent définitives en vertu de simples sénatus-consultes ; telle la résolution qui donna à César le droit de prendre place au sénat sur un siège curule entre les deux consuls, quand il ne serait pas lui-même consul, et de donner toujours son avis le premier. Pour d'autres, nous ne pouvons dire si elles furent à la fois votées par le sénat et ratifiées par le peuple ; celle par exemple qui autorisait César à donner le signal des jeux au Cirque à la place du consul, celle qui l'autorisait à faire graver son nom sur le temple du Capitole à la place de celui de Q. Lutatius Catulus, celle enfin qui décidait la construction d'un char de cérémonie (*tensa*)[4] portant la statue de César placée sur un globe terrestre avec l'inscription ἡμιθέῳ[5]. Le peuple intervint d'une manière certaine pour sanctionner les décrets suivants : César serait dictateur pendant dix ans ; au triomphe qu'il allait célébrer sur Juba, son char serait traîné par des chevaux blancs et escorté de soixante-douze licteurs (vingt-quatre rappelant chacune de ses trois années

---

[1] Dio C., 43, 14.
[2] Dio C., 43, 14. Cf. Cic., *Fam.*, 9, 2, 3. 4.
[3] Dio C., 43, 14. Cf. 19. 21.
[4] Cf. Suet., *Cæs.*, 76.
[5] Cf. Dio C., 43, 21.

de dictature) ; il réunirait les pouvoirs des deux censeurs pour trois ans, et prendrait le titre de préfet des mœurs : *Præfectus morum ;* il aurait le droit de désigner les magistrats extraordinaires aussi bien que les magistrats ordinaires.

Comptons les pouvoirs réunis maintenant sur la tête de César : la dictature pour dix ans, la préfecture des mœurs pour trois ans, le droit de nommer tous les magistrats ; depuis 48, il avait la puissance tribunitienne, le droit de prononcer à son gré sur le sort des Pompéiens, de faire la guerre, de signer la paix. Tout cela constituait un pouvoir qui n'était pas absolument le pouvoir monarchique, mais qui rendait impossible le retour au régime de la république démocratique. Le mot qui peut le mieux désigner la situation occupée dans l'État par César est celui de domination, *dominatus* [1]. Ils comprenaient bien la révolution qui venait de s'accomplir les soldats, qui, autour du char triomphal, chantaient en plaisantant [2] les vers célèbres de la Nænia, en les appropriant à la circonstance : à la place du vers : *Plecteris si recte facies, si non facies rex eris* [3] ; ils criaient : *rex eris si recte facies, si non facies non eris* [4].

Dès qu'il fut rentré à Rome (25 juillet 46), César parla au sénat et devant le peuple pour calmer les esprits encore troublés par les agitations de la guerre civile, et développer son programme ; il déclara qu'il userait de ses pouvoirs dictatoriaux et consulaires pour conduire et diriger le peuple, non pour le gouverner ni l'asservir [5]. En août, il célébra quatre triomphes séparés chacun par un jour d'intervalle ; il triompha de la Gaule (Vercingétorix), de l'Égypte (Ptolémée), du Pont (Pharnace) et de l'Afrique (Juba) [6]. Pendant le quatrième, il

---

[1] Cf. Cic., *Fam.*, 4, 8, 2. 4, 7, 4. 4, 9, 2. 6, 5, 3. 7, 28, 3. 9, 16, 3.

[2] Suet., *Cæs.*, 49. 51.

[3] Dio C., 43, 20 ἂν μὲν καλῶς ποιήσης, κολασθήσῃ, ἂν δέ κακῶς, Βασιλεύσεις. Suet., *Cæs.*, 80.

[4] Hor., *ep.*, 1, 1, 62. Schol. lsid. orig., 9, 3, 4.

[5] Dio C., 43, 15-18. Plut., *Cæs.*, 55.

[6] Liv., *ep.*, 115. Vell., 2, 56. Suet., *Cæs.*, 37. Plut., *Cæs.*, 55. App., *b. c.*, 2, 101. Dio C., 43, 19 et seq. Flor., 4, 2, 88. Oros., 6, 16. Cassiod., *ad ann.* 709, p. 624 (Mommsen). Cf. Cic., *Phil.*, 14, 8, 23. 8, 6, 18. *Marc.*, 9, 28. Nic. Dam., *Vit. Aug.*, 8.

laissa trop voir que cette fois il triomphait des Pompéiens ;
il n'eut pas la même réserve que Sylla, et laissa figurer dans
le cortège des tableaux représentant la mort de Caton et celle
de Scipion, ce qui produisit le plus mauvais effet[1]. Les tré-
sors qui furent portés devant le char du triomphateur s'éle-
vaient à plus de 65,000 talents (au moins 375 millions de
francs) ; il y avait 2,822 couronnes d'or offertes par les princes
et par les villes[2]. César puisa dans ce riche dépôt pour dis-
tribuer aux soldats ce qu'il appela les présents du triomphe ;
les simples soldats reçurent 5,000 ou 6,000 deniers, c'est-à-
dire 20,000 ou 24,000 sesterces (environ 4,400 et 5,250 francs) ;
les centurions eurent le double, les tribuns militaires et les
commandants des ailes de cavalerie, le quadruple[3]. César
paya en monnaie d'or, *aureus ;* avec une livre d'or, on frappa
quarante pièces valant 100 sesterces[4], l'aureus devint la monnaie de l'empire[5]. Comme il l'avait promis, César donna à
chaque citoyen 300 sesterces, et en ajouta 100 comme intérêt
du retard[6]. Il fit aussi une distribution de blé, et donna en
plus de la quantité que chacun devait recevoir en vertu de la
loi frumentaire, dix mesures de blé et dix livres d'huile[7].
Il servit au peuple un festin gigantesque, pour lequel il
disposa 22,000 triclinia ; il y eut des réjouissances de toutes
sortes[8]. En août et en septembre[9], vinrent les jeux funèbres
en l'honneur de la fille de César, Julia, morte en 54, d'autres
jeux pour célébrer la dédicace du forum de César (*forum
Julium*) et du temple de *Venus Genetrix*[10] ; César la consi-
dérait comme son ancêtre[11], et avait fait vœu à Pharsale de

[1] Dio C., 43, 19. App. *b. c.*, 2, 101.
[2] App., *b. c.*, 2, 102. Cf. Dio C., 42, 49.
[3] App., *b. c.*, 2, 102. Dio C., 43, 21. Suet., *Cæs.*, 38.
[4] Plin., *n. h.*, 33, 3, 13, 47.
[5] Cf. Mommsen, *Münzwesen*, p. 750.
[6] Suet., *Cæs.*, 38. Dio C., 43, 21. App., *b. c.*, 2, 102.
[7] Dio C., 43, 21. Suet., *Cæs.*, 38.
[8] Liv., *ep.*. 115. Dio C., 43, 21. Plut., *Cæs.*, 55. Suet., *Cæs.*, 39. Cic.,
Fam., 12, 8, 2.
[9] I. L. A., p. 298. Cf. 402.
[10] Cf. App., *b. c.*, 2, 68. Dio C., 44, 37.
[11] Cic., *Fam.*, 8, 15, 2. 12, 18, 2. 16, 20. 0, 16, 7. Dio C., 43, 22-24.
Plut., *Cæs.*, 55. App., *b. c.*, 2, 102. Suet., *Cæs.*, 39. Cæs., *B. Hisp.*,

lui élever un temple digne d'elle. Toutes ces réjouissances furent troublées par quelques désordres ; les soldats critiquèrent les prodigalités de César : ils auraient préféré que tout cet argent leur fût distribué[1]. Pour rappeler la dédicace du temple de Vénus, on décida que tous les ans, le 20 juillet, on célébrerait des jeux en l'honneur des victoires de César (*Ludi victoriæ Cæsaris*)[2].

César conserva le consulat jusqu'à la fin de l'année[3]. Mais ce fut en vertu de ses pouvoirs dictatoriaux qu'il fit des assignations de terres à ses soldats sur différents points de l'Italie. Il ne voulut pas les répartir par groupes dans telle et telle région, il les dissémina dans les municipes et les colonies[4]. D'abord il empêchait ainsi les complots que les soldats rassemblés en grand nombre sur un même point auraient pu former ; ensuite il évita l'obligation de déposséder en masse des propriétaires, par exemple ceux qui avaient été dotés par Sylla, et qui, dans ce cas, se seraient tournés contre lui[5]. Cette opération prit beaucoup de temps[6], elle n'était pas encore terminée l'année suivante[7]. César désigna lui-même les magistrats qui furent chargés de présider à la répartition sur toute l'étendue de la péninsule, mais se réserva le droit de trancher les questions douteuses[8]. La loi Julia de 59 fut prise comme règle générale pour ce qui concernait la répartition des lots, qui furent inaliénables[9]. On ne peut retrouver aujourd'hui qu'un petit nombre des localités choisies pour la dotation des soldats de César[10].

---

1. Senec., *Controv.*, p. 207 Bu. Macrob., *Sat.*, 2, 3, 10. 7, 3, 8. Nic. Dam., *Vit. Aug.*, 9.

[1]) Dio C., 43, 24.

[2]) l. L. A., p. 306. 324. 397. Dio C., 45, 6. Cic., *Fam.*, 11, 28, 6. Suet., *Aug.*, 10. Cæs., 88. Obseq., 68. Plin., *n. h.*, 2, 23, 93. App., *b. c.*, 3, 28. Dio C., 49, 42.

[3]) Suet., *Cæs.*, 76 fait erreur ; Dio C., 43, 33 est aussi inexact.

[4]) Dio C., 42, 54.

[5]) App., *b. c.*, 2, 94. 3, 12. Suet., *Cæs.*, 38. Cic., *Fam.*, 13, 8, 2.

[6]) Cic., *Fam.*, 9, 17, 1.

[7]) Cic., *Fam.*, 13, 4, 5. 7. 8. Dio C., 43, 50.

[8]) Cic., *Fam.*, 13, 4, 2. 13, 7, 3.

[9]) Suet., *Cæs.*, 81. App., *b. c.*, 3, 2. 7. Cic., *Phil.*, 5, 19, 53.

[10]) Zumpt, *Comm. epigr.*, I, p. 304 et seq. Cf. I. L. A., p. 183.

Le premier usage que fit César de ses fonctions de censeur fut de diminuer le nombre des citoyens qui étaient admis aux distributions de blé ; il le réduisit de 320,000 à 150,000[1]. Ce nombre ne devait jamais être dépassé ; quand quelqu'un mourait parmi ceux qui avaient part aux distributions, le préteur urbain devait faire désigner par le sort celui qui le remplacerait[2]. Pour régler tout ce qui concernait les distributions, César fit une loi frumentaire, *lex Julia frumentaria*, qui fit partie des *leges Juliæ*[3] ; on en a retrouvé quelques fragments sur les Tabulæ Heracleenses, qui, d'après Nipperdey[4], renferment un choix des lois césariennes[5]. Dans la première partie de la loi que nous n'avons plus devait se trouver une disposition pareille à celle que nous rencontrons dans la loi Julia de agro campano : on devait d'abord inscrire sur les listes ceux qui avaient au moins trois enfants[6].

César entreprit aussi de faire le recensement de l'empire[7] ; l'opération n'était pas terminée au moment de sa mort. A ce sujet, il donna le droit de cité à tous les médecins, à tous les professeurs d'arts libéraux[8], et aussi à un grand nombre d'étrangers qui s'étaient distingués[9]. César fut informé que ses amis trafiquaient du droit de cité et se faisaient donner de l'argent ; il ordonna aussitôt de reviser les listes de citoyens, et retrancha les noms de ceux qui avaient réussi à se faire inscrire par ce procédé[10]. La loi *Julia municipalis*[11] se rattache aussi aux opérations du cens : elle fixait les conditions à remplir pour être élu magistrat d'une ville et pour entrer dans le sénat municipal. On a retrouvé un fragment de cette loi sur les

---

[1] Suet., *Cæs.*, 41. Liv., *ep.*, 115. Dio C., 43, 21. Plut., *Cæs.*, 55. App., *b. c.*, 2, 102. Zon., 10, 10.

[2] Suet., *Cæs.*, 41.

[3] Dio C., 43, 25. Cic., *Att.*, 13, 7, 1.

[4] Nipperdey, *Die Leges annales der rœmischen Republik*, Leipzig, 1865, p. 18 et seq.

[5] I. L. A., p. 120, Z. 1-19.

[6] Dio C., 43, 25. Cf. Cic., *Marc.*, 8, 23 *Propaganda suboles.*

[7] Dio C., 43, 25.

[8] Suet., *Cæs.*, 42.

[9] Cf. Cic., *Fam.*, 9, 15, 2. Sall., *de rep. ord.*, 2, 5.

[10] Cic., *Fam.*, 13, 36, 1.

[11] Inscriptio Patavina, I. L. A., p. 123. Cf. *Dig.*, 50, 9, 3. *Cod.*, 7, 9, 1.

Tabulæ Heracleenses [1] ; elle est antérieure à l'année 45,
Cicéron en parle au mois de février 45, après le départ de
César pour l'Espagne ; il ne la traite pas de rogation, il l'appelle
loi, *lex ;* donc elle était déjà en vigueur [2].

Ce fut en qualité de censeur que César régla les conditions
et les obligations du service militaire ; il fit la loi *Julia (mili-
taris ?)* : *ne quis civis major annis viginti minorve quadraginta,
qui sacramento non teneretur, plus triennio continuo Italia
abesset, neu qui senatoris filius nisi contubernalis aut comes ma-
gistratus peregre proficisceretur* [3]. On ne peut pas affirmer
qu'elle soit de l'année 46, elle a pu faire partie de la série des
lois césariennes promulguées l'année suivante.

Nous trouvons encore sur les tabulæ heracleenses une loi
Julia de viis urbis Romæ tuendis et purgandis [4] ; elle est inscrite
entre la loi frumentaire et la loi municipale ; elle rentre aussi
dans les attributions du censeur, le censeur étant tenu de surveiller l'administration de la ville (*cura urbis*) confiée aux
édiles ; elle traite surtout de la police des rues, fonction qui
appartenait aux quatre édiles [5].

Citons encore une loi *Julia de portoriis mercium peregri-
narum* [6] ; elle rétablissait sans doute certains droits de douane
supprimés par la loi Cæcilia de 60 (voir plus haut, page 302) ;
et encore la loi *Julia de insulæ Cretæ cotoriis locandis* [7] : ce
sont encore des *leges censoriæ* ; les censeurs n'étaient pas
tenus de soumettre à l'approbation du peuple les règlements
sur des matières de ce genre.

Il faut encore placer dans la même série la loi *Julia de re
pecuaria ;* reprenant une disposition de la loi Licinia de modo
agrorum, elle imposait aux propriétaires l'obligation de
prendre au moins le tiers de leurs bergers parmi les hommes
libres [8]. La dernière enfin de ces lois césariennes est une loi

---

1) I. L. A., p. 121, Z. 83-S. 122, Z. 163.
2) Cic., *Fam.*, 6, 18, 1. Cf. *Tab. Her.*, et I. L. A., p. 121, Z. 94 et seq.
3) Suet., *Cæs.*, 42.
4) I. L. A., p. 120, Z. 20-S. 121, Z. 82.
5) Cf. Suet., *Cæs.*. 44.
6) Suet., *Cæs.*, 43.
7) *Dig.*, 39, 4, 15.
8) Suet., *Cæs.*, 42.

somptuaire, *lex Julia sumptuaria* de 46 : elle limitait l'usage
des litières, des vêtements de pourpre et des perles ; elle renfermait des règles précises concernant les festins et les mo-
numents funèbres [1]. Comme toutes les lois du même genre,
la loi somptuaire de César ne fut pas appliquée, malgré les
efforts faits par son auteur pour en assurer l'exécution [2].

César dressa la liste du sénat [3] ; il y fit rentrer des personnages notoirement indignes [4], qui avaient déjà été chassés par
Sylla [5] ou par les censeurs [6], et d'autres qui exerçaient la pro-
fession d'haruspices [7]. César n'éprouvait aucun désir de relever
le prestige du sénat [8], le sénat restant la dernière citadelle où
se réfugiait la noblesse pour conserver le pouvoir. César, qui
ne pouvait pas le supprimer complètement, le réunit rarement
tout entier : il préférait consulter les principaux personnages [9],
surtout ses amis L. Cornelius Balbus, C. Oppius, C. Matius, A.
Hirtius, C. Vibius Pansa et quelques autres [10]. Il ne s'adressa
guère au sénat que pour faire sanctionner [11] les dispositions
prises à l'égard des États indépendants et des dynastes étrangers [12] ; et encore il ne se conforma pas toujours aux décisions
du sénat ; il conféra, par exemple, le titre de roi à certains
princes, malgré la volonté formelle de l'assemblée sénato-
riale [13].

César était grand pontife ; en cette qualité il réforma le
calendrier, probablement au moyen d'un édit [14]. Le calendrier

---

[1]) Suet., *Cæs.*, 43. Dio C., 43, 25. Cic., *Fam.*, 9, 15, 5. 9, 26, 4. *Att.*,
12, 13, 2. 12, 35, 2. 12, 36, 1. 13, 6, 1. *Marc.*, 8, 23 *Comprimendæ libidines.*
[2]) Cic., *Att.*, 13, 7, 1. Suet., *Cæs.*, 43.
[3]) Suet., *Cæs.*, 41.
[4]) Dio C., 43, 27.
[5]) Cic., *Fam.*, 13, 5, 2.
[6]) Suet., *Cæs.*, 41, *Notatos opere censorio.*
[7]) Cic., *Fam.*, 6, 18, 1.
[8]) Cic., *Fam.*, 4, 8, 2. Cf. 6, 5, 3. 6, 6, 8.
[9]) Dio C., 43, 27.
[10]) Cic., *Fam.*, 6, 12, 2. Cf. 4, 9, 2. 6, 8, 1. 9, 17, 1. 3. Suet., *Cæs.*, 52.
[11]) Cf. p. ex., Jos., *Ant. Jud.*, 14, 10, 2.
[12]) Jos., *Ant. Jud.*, 14, 10, 3. 4. 21-24.
[13]) Cic., *Fam.*, 9, 15, 4.
[14]) Censor., 20, 8 et seq. 21, 7. Macrob., *Sat.*, 1, 14. Suet., *Cæs.*, 40.
Aug., 31. Plin., *n. h.*, 18, 25, 57, 211. Dio C., 43, 26. 48, 33. App., *b. c.*,
2, 154. Plut., *Cæs.*, 59. Solin., *Polyh.*, 1, 45.

romain n'était plus en rapport avec les saisons, parce qu'on
avait négligé d'intercaler les jours et les mois nécessaires [1] :
ainsi, en 49, l'équinoxe tomba au milieu du mois de mai [2]. César
voulut remplacer l'année lunaire des Romains qui comptait
355 jours par l'année solaire des Égyptiens qui en avait
365 1/4, et la faire commencer au 1er janvier ; depuis 153,
c'était au 1er janvier que les nouveaux magistrats entraient en
fonction [3]. L'année 46 avait eu un mois intercalaire de 23 jours
après le 24 février ; malgré cela, elle était en avance de
67 jours, c'est-à-dire de trois mois intercalaires de 22, 23 et
22 jours ; pour la remettre d'accord avec le mouvement des
astres, on intercala deux autres mois entre novembre et
décembre (*mensis intercalaris prior et posterior*). Ces deux
mois eurent 67 jours en tout, c'est-à-dire les 29 jours d'un
mois de janvier ordinaire, les 28 jours d'un mois de février,
et 10 jours en plus qui faisaient la différence entre l'année
lunaire et l'année solaire [4]. L'année 46, appelée *annus confu-
sionis*, eut ainsi 15 mois, en tout 445 jours [5], depuis le 1er janvier ; à partir du 1er mars, qui était encore le commencement
de l'année civile, il y eut 12 mois, comptant 365 jours ; elle
fut donc une véritable année solaire du 1er mars au 1er janvier. Ainsi César ajouta 67 jours ; il n'aurait dû en ajouter
que 62, en prenant comme point de départ de l'année solaire
le solstice d'hiver. Voici sur quels mois César, en tenant
compte des fêtes de l'ancien calendrier, répartit les 10 jours
de la nouvelle année solaire. Il en ajouta deux au mois de
janvier, qu'il plaça après le 28, un après le 25 avril, un après
le 28 juin, deux après le 28 août, un après le 28 septembre,
un après le 28 novembre et deux après le 28 décembre [6]. Ces
dix jours furent fastes (*fasti*) ; mais César décida qu'ils ne
pourraient pas être utilisés pour la réunion du peuple en

[1]) P. ex., en 50, voir tome II, page 436. Cf. tome I, p. 471.
[2]) Cic., *Att.*, 10, 17, 3. Cf. *De leg.*, 2, 12, 29.
[3]) Voir tome I, p. 570.
[4]) Cens., 20, 8. Dio C., 43, 26. Cf. Cic., *Fam.*, 6, 14, 2.
[5]) Censor., 20, 8. Macrob., *Sat.*, 1, 14, 3. Cf. Liv., *Att.*, 12, 3, 2.
[6]) Macrob., *Sat.*, 1, 14, 7 et seq. 1, 10, 2. Censor., 20, 9. I. L. A., p. 313,
317. 364.

comice (*non comitiales*)[1]. L'année 45 eut de plus un jour
intercalaire qui fut placé après le 24 février (*ante diem bissex-
tum kal. martias*); il devait en être ainsi tous les quatre ans,
où l'année compterait 366 jours [2].

César chercha à rallier les citoyens de marque qui avaient
subi des condamnations, et aussi ceux qui s'étaient compro-
mis en soutenant Pompée et les pompéiens. César ne pouvait
pas rappeler les premiers de sa propre autorité: il n'avait pas le
droit de grâce. Il employa la voie tout à fait légale qui avait
déjà été suivie en 49 (voir plus haut, page 470); il fit rappeler
les exilés par des rogations tribuniticnnes; ainsi furent rappelés
ceux qui avaient été exilés en vertu de la loi Pompeia de Am-
bitu [3], ou pour d'autres motifs [4], par exemple, T. Munatius
Plancus Bursa [5] (voir plus haut, page 420). Quant aux
pompéiens, César avait toute liberté de prononcer sur leur
sort. Pendant toute la période de la guerre civile, César avait
toujours parlé de Pompée avec le plus grand respect [6]; aussi
il traita ses partisans avec une grande modération [7].

Peu de temps après son retour d'Afrique [8], sollicité par
C. Claudius Marcellus [9], le consul de 50, par son beau-père
L. Calpurnius Piso, par le sénat tout entier, César pardonna
généreusement à M. Claudius Marcellus [10], qui avait dirigé
contre lui l'opposition du sénat pendant son consulat de 51;
au début de la guerre civile, M. Marcellus, comme Cicéron,
s'était difficilement entendu avec Pompée [11], et, après Pharsale,
il était resté en Grèce au lieu de passer en Afrique [12]. Malgré

[1] Macrob., *Sat.*, 1, 14, 12.
[2] Censor., 20, 10. Macrob., *Sat.*, 1, 14, 6. Amm. Marc., 26, 1, 7. 13.
[3] Dio C., 43, 27. Cf. Suet., *Cæs.*, 41.
[4] Cic., *Fam.*, 6, 6, 11. Cf. 15, 19, 3.
[5] Cic., *Fam.*, 12, 18, 2. *Phil.*, 6, 4, 10. 10, 10, 22. 13, 12, 27.
[6] Cic., *Fam.*, 6, 6, 10.
[7] Cic., *Lig.*, 5, 15. 6, 19. Dio C., 44, 46.
[8] Liv., *ep.*, 115.
[9] Cic., *Fam.*, 4, 7, 6. 4, 8, 1. 4, 9, 4. *Marc.*, 4, 10. 11, 34.
[10] Cic., *Fam.*, 4, 4, 3 (lettre écrite non en 47, mais en 46, après les
lettres 4, 7 et 4, 8). 4, 9, 4. 4, 11, 1. 6, 6, 10. *Lig.*, 12, 37. Liv., *ep.*, 115.
Sen., *Cons. ad Helv.*, 9, 6. Schol. Gron., p. 415.
[11] Cic., *Fam.*, 4, 7, 2. *Marc.*, 6, 16.
[12] Cic., *Fam.*, 4, 7, 3. 4, 9, 3. *Brut.*, 71, 250. Sen., *Cons. ad Helv.*, 9, 4
et seq.

les sollicitations de Cicéron [1], M. Claudius Marcellus hésita à rentrer en Italie, il se décida enfin à revenir [2], mais, à ce moment, il fut assassiné à Athènes, le 26 mai 45, par P. Magius Chilo [3].

Depuis son retour, Cicéron avait divorcé avec sa femme Térentia [4], et avait épousé Publilia [5] ; la première fois qu'il reparut au sénat [6], il parla en faveur de Marcellus, et prononça le discours : *Gratiarum actio pro M. Claudio Marcello* [7]. Il usa de son influence auprès des amis de César [8] pour obtenir la grâce de plusieurs amis de Pompée [9]. La plupart reçurent facilement [10] leur pardon sous la forme d'une lettre qui les autorisait à rentrer (*diploma*) [11]. César se vengea d'un certain nombre en leur faisant attendre plus ou moins longtemps cette autorisation [12]. Il ne se montra sévère qu'à l'égard de ceux qui avaient fait la guerre d'Afrique jusqu'à la fin [13]. Quelques-uns de ces derniers furent poursuivis devant les tribunaux, et César laissa la justice suivre son cours [14] : tel fut le sort de Q. Ligarius ; resté en Afrique après le départ du gouverneur C. Considius Longus en 50 [15], Ligarius avait soutenu l'usurpateur P. Atius Varus, et avait empêché le gouverneur L. Ælius Tubero de prendre possession de ses fonctions [16] ; jusqu'à Thapsus, il avait combattu César. Après la bataille, César lui avait fait grâce de la vie [17] ; à Rome, il laissa le jeune

[1] Cic., *Fam.*, 4, 9. 10.
[2] Cic., *Fam.*, 4, 11.
[3] Cic., *Fam.*, 4, 12. *Att.*, 13, 10, 1. 3. 13, 22, 2. Liv., *ep.*, 115. Val. Max., 9, 11, 4.
[4] Cic., *Att.*, 11, 16, 5. *Fam.*. 4, 14, 3.
[5] Plut., *Cic.*, 41. Cic., *Att.*, 12, 32, 1. Cf. Dio C., 46, 18.
[6] Cic., *Marc.*, 1, 1. Cf. *Fam.*, 9, 20, 1.
[7] Cic., *Fam.*, 4, 4, 4.
[8] Cf. Cic., *Fam.*, 9, 7, 1. 9, 16, 2. 7. 9, 20, 3. 11, 27, 5.
[9] Cic., *Fam.*, 6, 12, 2. 6, 13, 2. 4, 13, 6. 6, 10, 2.
[10] Cf. Cic., *Lig.*, 1, 1. *Fam.*, 6, 7, 2. 13, 19, 1.
[11] Cic., *Fam.*, 6, 12, 3.
[12] Cic., *Fam.*, 4, 13, 5. 6, 6, 9. 6, 5, 3. 6, 8, 1. 13, 66. Cf. 4, 14, 4, 4, 15, 2.
[13] Cic., *Fam.*, 6, 13, 3. Nic. Dam., *Vit. Aug.*, 7.
[14] Cf. Cic., *Fam.*, 6, 12, 1.
[15] Cic., *Lig.*, 1, 2.
[16] Cic., *Lig.*, 3, 9. 8, 25. Dig., 1, 2, 2, 46.
[17] Cæs., *B. Afr.*, 89.

Q. Ælius Tubero, un pompéien gracié, avec son père Lucius[1], porter une accusation contre Ligarius[2]. Cicéron le défendit; profitant du crédit de plus en plus grand dont il jouissait auprès du dictateur[3], il se rendit auprès de lui le 26 novembre (*V. kal. interc. prioris*), pour demander la grâce de Ligarius[4]; quèlques jours après, il prononça sur le forum[5], en faveur de son client, le discours *pro Ligario* que nous avons encore[6].

S'il paraissait vouloir oublier le passé, César ne négligeait pas les précautions pour l'avenir. Une loi du préteur A. Hirtius[7], *lex Hirtia de Pompeianis*[8], enlevait à une certaine catégorie des anciens amis de Pompée le droit d'arriver aux magistratures (*jus honorum*).

Enfin, pour assurer des bases solides à la constitution césarienne, il fallait transformer d'après les nouveaux principes l'organisation de la justice et celle des magistratures.

César porta son attention sur trois points : l'album des juges[9], la justice civile et la justice criminelle[10]. Il y eut plusieurs lois[11]. Pour rester fidèle aux institutions démocratiques qu'il avait affecté de favoriser jusqu'alors, César aurait dû élargir les règles suivies pour le choix des juges, par exemple décider que tous les citoyens de la première classe pourraient être appelés à composer les tribunaux[12]. Or, par la loi *Julia judiciaria*, il fut décidé que les juges ne seraient plus choisis que parmi les sénateurs et les chevaliers[13]; on exclut la décurie formée des tribuns du trésor, que Pompée avait

---

[1]) Cic., *Lig.*, 4, 10.
[2]) Cic., *Lig.*, 1, 1. Quint., 11, 1, 80.
[3]) Cic., *Fam.*, 4, 7, 6. 4, 13, 2. 6, 6, 13. 6, 10, 2. 7, 33, 2. 9, 16, 4.
[4]) Cic., *Fam.*, 6, 14, 2. *Lig.*, 5, 14.
[5]) Cic., *Lig.*, 12, 37.
[6]) Cic., *Att.*, 13, 12, 2. 13, 19, 2. 13, 20, 2. 13, 44, 3. Quint., 10, 1, 23. Dig., 1, 2, 2, 46. Schol. Gron., p. 415.
[7]) Cic., *Att.*, 12, 2, 2. *Fam.*, 7, 33, 1. 9, 6, 1. 9, 16, 7. 9, 18, 1. 3.
[8]) Cic., *Phil.*, 13, 16, 32. Cf. I. L. A., p. 184.
[9]) Cic., *Marc.*, 8, 23 *Constituenda judicia.*
[10]) Cic., *Marc.*, 8, 23 *Omnia, quæ dilapsa jam diffluxerunt, severis legibus vincienda sunt.*
[11]) Dans le passage de Cic., *Phil.*, 1, 8, 19, il faut entendre *leges judiciariæ* dans le sens le plus large.
[12]) Sall., *De rep. ord.*, 2, 7.
[13]) Dio C., 43, 25. Suet., *Cæs.*, 41. Cic., *Phil.*, 1, 8, 19.

conservée. Pour la justice civile, nous sommes réduits aux hypothèses, mais il est presque certain que César, par une loi *Julia de judiciis privatis*, limita l'emploi de la vieille procédure dite *legis actio* [1]. Quant à ce qui concerne la justice criminelle, César paraît avoir réorganisé par de nouvelles lois les tribunaux (*quæstiones*) existants; il aggrava la pénalité : ainsi, partout où la loi ancienne prononçait la peine de l'exil, il ajouta la confiscation de la moitié des biens, et pour les parricides la confiscation complète [2]. Nous connaissons les titres de deux de ces lois : la loi *Julia de vi*, et une loi *Julia de majestate* [3]. Mais peut-être faut-il les attribuer à Auguste. La loi *de vi* reconnaissait la souveraineté du peuple en matière judiciaire : elle parlait de punitions à infliger au magistrat qui frapperait, mettrait à mort ou violenterait un accusé qui aurait fait appel au peuple [4]. En 46, il y eut encore des confiscations de biens [5], provenant des propriétés de ceux qui avaient péri en combattant, ou de ceux qui avaient été condamnés en vertu des lois Juliæ.

César commença la réorganisation des magistratures par une loi sur les provinces, *lex Julia de provinciis;* il connaissait mieux que personne les dangers que pouvait créer à l'État la durée trop longue des pouvoirs proconsulaires dans les provinces; il décida que les proconsuls ne resteraient pas plus de deux ans à la tête de leur gouvernement, les anciens préteurs, un an seulement [6]. Il va sans dire que César conserva le droit de disposer par lui-même de toutes les provinces prétoriennes (voir plus haut, page 479). Cette loi enlevait au sénat et au peuple le droit de fixer la durée des administrations provinciales, et changeait la situation des magistrats par rapport au peuple et au sénat; elle laissait prévoir une autre réforme devenue nécessaire pour permettre le remplacement fréquent des gouverneurs prétoriens : il

---

[1] Gaj., 4, 30.
[2] Suet., *Cæs.*, 42. Cf. Dio C., 44, 49.
[3] Cic., *Phil.*, 1, 9, 23.
[4] Paul, *Sent. rec.*, 5, 26, 1. Dig., 48, 6, 7.
[5] Cic., *Fam.*, 9, 10, 3. 15, 17, 2. 15, 19, 3.
[6] Dio C., 43, 25. Cic., *Phil.*, 1, 8, 19. 3, 15, 38. 5, 3, 7. 8, 9, 78.

faudrait augmenter le nombre des préteurs. César ne put s'en occuper à ce moment, il dut interrompre son œuvre de réformes législatives pour aller en Espagne.

Au moment où se terminait la guerre d'Afrique, avant l'arrivée du jeune Cn. Pompée, les légions s'étaient révoltées et avaient chassé le gouverneur de l'Espagne ultérieure, C. Trebonius; elles prirent pour chefs T. Quinctius Scapula et Q. Aponius, et dévastèrent toute la province [1]. Elles reconnurent ensuite l'autorité de Cn. Pompée, qui devint le chef de toutes les forces rassemblées dans l'Ultérieure [2]; secondé par son frère Sextus [3], par P. Atius Varus [4] et par T. Labiénus, il avait mis rapidement la province en état de défense [5]. Il disposait de treize légions, dont quatre étaient excellentes [6]. Il reçut encore des troupes de Bocchus, le roi de Mauritanie [7]; Bocchus avait dû se séparer de César pour protester contre la création de la province de Numidie. De Sardaigne, César avait déjà envoyé une flotte sous le commandement de Didius [8]; il avait aussi envoyé contre Pompée Q. Fabius Maximus et Q. Pédius qui se trouvaient dans la province citérieure [9]. Mais cela ne suffit pas, il fallut que César lui-même se rendît sur le théâtre des opérations [10].

Il en fut très contrarié; sa gloire militaire ne pouvait plus grandir [11], il attendait à Rome la visite de Cléopâtre [12]; il eût voulu enfin terminer de suite la réorganisation politique qu'il avait commencée [13]. Avant de quitter Rome, il voulut du moins pourvoir au gouvernement des provinces, à l'administration de Rome et de l'Italie.

---

[1]) Dio C., 43, 29. Cæs., *B. Hisp.*, 7. 33.
[2]) Dio C., 43, 30. Cf. Cic., *Fam.*, 9, 13, 1. Cæs., *B. Hisp.*, 42.
[3]) Plut., *Pomp.*, 74. 78. *Cat. min.*, 56. Dio C., 42, 6.
[4]) Dio C., 43, 31.
[5]) Cæs.. *B. Hisp.*, 1. Vell., 2, 55.
[6]) Cæs., *B. Hisp.*, 7. 30. Cic., *Fam.*, 6, 18, 2. Obseq., 66.
[7]) Dio C., 43, 36.
[8]) Dio C., 43, 14. 28. Cf. 31.
[9]) Dio C., 43, 28. Cæs., *B. Hisp.*, 2.
[10]) Dio C., 43, 31. Cf. Cæs., *B. Hisp.*, 1.
[11]) Cic., *Marc.*, 8, 25. Cf. Suet., *Cæs.*, 86.
[12]) Dio C., 43, 27. Suet., *Cæs.*, 52.
[13]) Dio C., 43, 28.

Il laissa D. Junius Brutus dans la Gaule transalpine pour l'année 45 [1] ; dans la Cisalpine, M. Junius Brutus fut remplacé par C. Vibius Pansa [2] qui était revenu de Bithynie pendant l'automne [3] ; il envoya en Sicile T. Furfanius Postumus [4] pour remplacer M. Acilius Glabrio [5] qui avait lui-même succédé à A. Allienus vers la fin de la guerre d'Afrique [6] ; Furfanius avait déjà gouverné la Sicile en 50 [7]. Nous ne savons rien au sujet de la Sardaigne. Le gouverneur de l'Achaïe, Ser. Sulpicius Rufus [8], reçut l'ordre de quitter son poste vers le mois de juin 45 ; M. Acilius Glabrio fut désigné pour le remplacer [9]. C. Cassius Longinus [10] dut recevoir la Macédoine [11], P. Vatinius fut nommé pour la seconde fois en Illyrie [12]. C. Sallustius Crispus conserva la Numidie, C. Calvisius Sabinus [13], l'Afrique. César donna l'Asie à P. Servilius Isauricus ; les sources ne nous apprennent rien au sujet des provinces de Cilicie, de Bithynie, de Crète et de Cyrénaïque. Le gouverneur de Syrie, Sex. Julius Cæsar, avait été assassiné [14], pendant que César dirigeait la guerre d'Afrique, par le Pompéien Q. Cæcilius Bassus [15] ; il fut remplacé d'abord par Q. Cornificius [16], puis par C. Antistius Vetus [17].

César ne fit nommer à Rome pour 45 que des magistrats provisoires : il lui fallait du temps pour préparer les lois

[1] Cf. Plut., *Ant.*, 11.
[2] Cic., *Fam.*, 15, 17, 3. 15, 19, 2. *Att.*, 12, 14, 4. 12, 17. 12, 19, 3. 12, 27, 3.
[3] Cic., *Lig.*, 1, 1. *Fam.*, 6, 12, 2.
[4] Cic., *Fam.*, 6, 8, 3. 6, 9, 1.
[5] Cæs., *b. c.*, 3, 15. 39. Dio C., 42, 12.
[6] Cic., *Fam.*, 13, 30-39.
[7] Cic., *Att.*, 7, 15, 2.
[8] Cic., *Fam.*, 4, 12, 1. *Dej.*, 11, 32.
[9] Cic., *Fam.*, 7, 30, 3. 7, 31, 1. Cf. 13, 50. 13, 17.
[10] Cf. Cic., *Fam.*, 6, 6, 10. 7, 33, 2.
[11] Cic., *Att.*, 13, 22, 2. *Fam.*, 15, 16-19.
[12] Cic., *Fam.*, 5, 9. 10. 11. App. *Illyr.*, 13.
[13] Cic., *Phil.*, 3, 10, 26.
[14] Liv., *ep.*, 114. Dio C., 47, 26. App., *b. c.*, 3, 77. 4, 58. Jos., *Ant. jud.*, 14, 11, 1. Cic., *Dej.*, 8, 23. 9, 25. *Fam.*, 12, 18, 1. 12, 17, 1. Schol. Ambros., p. 373.
[15] Cf. Cic., *Att.*, 2, 9, 1.
[16] Cic., *Fam.*, 12, 19.
[17] Dio C., 47, 27.

sur la nouvelle organisation, et, d'autre part, il ne voulait pas, en laissant faire des élections ordinaires, reculer la réforme au delà de l'année 45. Il fit espérer aux candidats qu'ils pourraient se dédommager aux prochains comices qui devraient se réunir après son retour[1]. En vertu de la loi qui l'autorisait à conserver la dictature pendant dix années consécutives, César annonça qu'il prendrait possession de sa troisième dictature (*dictator tertium*) le 1er janvier ; il désigna aussitôt M. Æmilius Lepidus, alors consul, pour remplir les fonctions de maître de la cavalerie[2]. La loi curiate fut votée sous la présidence de ce dernier qui fut consul jusqu'au 31 décembre[3]. César se fit encore nommer consul par les centuries présidées par Lepidus vers la fin de l'année, au commencement de décembre ; il fut donc consul pour la quatrième fois (*consul quartum*) ; et, comme il voulait avoir toute sa liberté pour organiser définitivement les magistratures[4], il ne prit pas de collègue, il fut consul *sine collega*[5]. S'appuyant sur le droit dictatorial qui l'autorisait à nommer des magistrats extraordinaires, il remplaça les préteurs, les édiles et les questeurs par huit magistrats nouveaux ; six devaient remplir les fonctions des préteurs et des édiles, deux remplaceraient les questeurs de Rome ; ils devaient avoir rang de préteur, et obéir à Lepidus ; César leur donna le nom de Préfets de la ville (*Præfecti urbis*, πολιανόμοι)[6]. Furent préfets L. Munatius Plancus[7], ancien lieutenant de César[8], L. Ælius Lamia, qui fit célébrer au nom de César les jeux d'Apollon en juillet et les jeux romains en septembre[9], P. Sestius[10] qui avait été gracié par César[11] ; c'est le même qui avait été chargé par le sénat

[1]) Cic., *Fam.*, 12, 8. Cf. 12, 49, 1.
[2]) I. L. A., p. 440.
[3]) Dio C., 43, 33. Cf. 42, 21.
[4]) Cf. Cic., *Att.*, 12, 8.
[5]) I. L. A., p. 440. 466. Dio C., 43, 33. Dio C. se trompe, 43, 46.
[6]) Dio C., 43, 28. 48. Suet., *Cæs.*, 76.
[7]) I. L. A., p. 452. Cf. Cic.. *Phil.*, 2, 31, 78.
[8]) Cæs., *B. G.*, 5, 24. *B. c.*, 1, 40. *B. Afr.*, 4.
[9]) Cic., *Fam.*, 13, 45, 1. Cf. 11, 16, 3. Dio C., 43, 48.
[10]) Cic., *Att.*, 13, 2, 2. 13, 7, 1.
[11]) Cic., *Att.*, 11, 7, 1. Cf. Cæs., *B. Alex.*, 34.

en 49 du gouvernement de la Cilicie[1]. On nomma les tribuns et les édiles plébéiens[2]; parmi les tribuns élus nous trouvons le nom de L. Pontius Aquila[3]; les édiles, en vertu d'une autorisation du sénat, furent chargés de la célébration des jeux de la Grande Déesse, qui revenait aux édiles curules[4].

César partit après son élection au consulat[5], en décembre; il voyagea avec une grande rapidité, et arriva en vingt-sept ou vingt-quatre jours[6] au camp de Q. Pedius et de Q. Fabius Maximus après le 1er janvier 45 : il était alors dictateur pour la troisième fois (*dictator III*), et dictateur désigné pour 44 (*designatus dictator IV*)[7]; il était aussi consul pour la quatrième fois (*consul IV*)[8]. La guerre d'Espagne[9] fut conduite de part et d'autre avec une grande animosité. César n'avait que quatre-vingts cohortes, ce qui restait des dixième, troisième et cinquième légions, et neuf mille cavaliers[10], y compris ceux qu'il avait reçus du roi de Maurétanie, Bogud[11]; les forces étaient à peu près égales dans les deux armées. César prit Attegua le 19 février[12], livra le combat de Sorica le 5 mars[13], et enfin le 17 mars[14], quatre ans jour pour jour depuis que le grand Pompée avait quitté l'Italie[15], eut lieu la bataille décisive de Munda[16], où César se battit non seulement pour assurer la

[1] Cic., *Fam.*, 5, 20, 5. 9. *Att.*, 8, 15, 3. Plut., *Brut.*, 4; dans ce dernier passage, il faut lire Κιλικίαν et non Σικελίαν.

[2] Suet., *Cæs.*, 76.

[3] Suet., *Cæs.*, 78.

[4] Dio C., 43, 48.

[5] Plut., *Cæs.*, 56. Eutr., 6, 24.

[6] App., *b. c.*, 2, 103. Suet., *Cæs.*, 56. Cf. Dio C., 43, 32. Oros., 6, 16.

[7] Cæs., *B. Hisp.*, 2.

[8] App., *b. c.*, 2, 103.

[9] Cæs., *B. Hisp.*, 3-42. Dio C., 43, 32-40. Plut., *Cæs.*, 56. App., *b. c.* 2, 103 et seq. Liv., *ep.*, 115. Vell., 2, 55. Flor., 4, 2, 73 et seq. Oros., 6, 16· Eutrop., 6, 24.

[10] Cæs., *B. Hisp.*, 30.

[11] Dio C., 43, 36. 38. Cf. Cæs., *B. Alex.*, 59. 62. *B. Afr.*, 23. Suet., *Cæs.*, 52.

[12] Cæs., *B. Hisp.*, 19. Dio C., 43, 34. Cf. Val. Max., 9, 2, 4. Front., *Strat.*, 3, 14, 1.

[13] Cæs., *B. Hisp.*, 27.

[14] Cæs., *B. Hisp.*, 31. I. L. A., p. 330.

[15] Plut., *Cæs.*, 56. Cf. Oros., 6, 16.

[16] Cæs., *B. Hisp.*, 28-31. Dio C., 43, 36 et seq.

victoire, mais pour sauver son existence [1]. Corduba et Hispalis se rendirent à César, Munda fit sa soumission à Q. Fabius Maximus [2]. T. Labienus et P. Atius Varus périrent pendant la bataille [3]; T. Quinctius Scapula se suicida à Corduba [4]. Cn. Pompée, qui s'était réfugié à Carteia [5], dut s'enfuir et fut tué pendant sa fuite [6]; le 12 avril, sa tête fut exposée à Hispalis [7]. Son plus jeune frère, Sex. Pompée, qui avait quitté Corduba après la bataille de Munda, réussit à s'échapper [8]. César se trouvait à Hispalis le 30 avril [9]; c'est de là qu'il régla la nouvelle situation qui fut faite aux villes de la province : les unes perdirent une partie de leur territoire, d'autres virent leurs contributions augmentées. Il faut signaler surtout une mesure de César qui rentre dans la catégorie des mesures déjà prises pour étendre le droit de cité : en vertu de ses fonctions censoriales, comme préfet des mœurs, il accorda le droit de cité à quelques villes, qui devinrent, avec Gadès, des centres de propagande de la civilisation romaine ; quelques-unes même obtinrent le droit de s'appeler colonies de citoyens romains, *colonia civium romanorum* [10]. César nomma enfin C. Albius Carrinas, gouverneur de l'Espagne ultérieure [11].

Nous ne pouvons pas déterminer la durée du séjour de César en Espagne [12], ni préciser le nombre de jours qu'il employa à revenir à Rome par la Gaule [13]. Son retour eut lieu assez

---

[1]) Plut., *Cæs.*, 56. Dio C., 43, 37. App., *b. c.*, 2, 104. 152. Liv., *ep.*, 115. Vell., 2, 55. Flor., 4, 2, 78 et seq. Suet., *Cæs.*, 36. 55. Oros., 6, 16. Eutr., 6, 24. Front., *Strat.*, 2, 8, 13.

[2]) Cæs., *B. Hisp.*, 34-36. 41. Dio C., 43, 39. App., *b. c.*, 2, 105. Cf. Val. Max., 7, 6, 5.

[3]) Cæs., *B. Hisp.*, 31. Oros., 6, 16. App., *b. c.*, 2, 105. Vell., 2, 55.

[4]) Cæs., *B. Hisp.*, 33. App., *b. c.*, 2, 105.

[5]) Cæs., *B. Hisp.*, 32. Cic., *Att.*, 12, 37, 4. 12, 44, 4.

[6]) Cæs., *B. Hisp.*, 37. 39. Plut., *Cæs.*, 56. Dio C., 43, 40. App., *b. c.*, 2, 105. Vell., 2, 55. Flor., 4, 2, 86. Eutr., 6, 24. Oros., 6, 16. Obseq., 66.

[7]) Cæs., *B. Hisp.*, 39.

[8]) Cæs., *B. Hisp.*, 32. Plut., *Cæs.*, 56. Oros., 6, 16. Liv., *ep.*, 115. App., *b. c.*, 2, 105. Flor., 4, 2, 87. Eutr., 6, 24. Cic., *Att.*, 12, 37, 4.

[9]) Cic., *Att.*, 13, 20, 1. Cf. Cæs., *B. Hisp.*, 40. 42.

[10]) Dio C., 43, 39.

[11]) App., *b. c.*, 4, 83.

[12]) Cf. Nic. Dam., *Vit. Aug.*, 10 et seq. Cic., *Dej.*, 14, 38.

[13]) Plut., *Ant.*, 11.

tard [1] ; nous savons que le 13 septembre il fit son testament dans sa propriété de Lavicanum [2], et qu'il rentra à Rome seulement après les jeux romains [3], au commencement d'octobre [4].

A Rome, on avait attendu avec une grande impatience le résultat de la lutte [5] ; la nouvelle de la victoire de Munda arriva le 20 avril [6]. Le sénat et le peuple recommencèrent à voter une série de nouveaux honneurs à César [7]. Le sénat vota des actions de grâces de cinquante jours, et décida que tous les ans, le 21 avril, jour de la fête des parilia, on célébrerait des jeux au cirque pour rappeler que ce jour-là Rome avait appris la nouvelle de la victoire de Munda [8]. Le sénat accorda encore à César le privilège de paraître dans tous les jeux avec la robe triomphale, la couronne de laurier du triomphateur et les hautes chaussures rouges des anciens rois albains [9]. Le servilisme du sénat alla si loin qu'il donna le titre de *Libérateur* (*liberator*) à celui qui avait détruit la République libre (*libera respublica*) ; on construisit encore en son honneur, aux frais du trésor, un temple à la Liberté [10]. César avait eu le pouvoir (*Imperium*) depuis quatorze ans sans interruption : on l'autorisa à prendre comme prénom le titre d'*Imperator* que les soldats lui avaient donné si souvent sur les champs de bataille ; il pourrait le transmettre à ses descendants [11] ; cette dernière faveur est une preuve évidente que l'on songeait maintenant à la monarchie héréditaire. Le peuple renchérit encore sur le sénat ; en vertu de ce titre d'Imperator, César aurait seul le droit de commander les armées, de lever des troupes et de dis-

---

[1] Cic., *Att.*, 13, 9, 2. 13, 16, 2. 13, 21, 6. 13, 37, 4. 13, 38, 2.

[2] Suet., *Cæs.*, 83.

[3] Cic., *Att.*, 13, 45, 1. 13, 46, 2. 13, 47, 1. 13, 50, 3. 13, 51, 2.

[4] Vell., 2, 56.

[5] Cic., *Att.*, 12, 7, 1. 12, 8. 12, 23, 1. *Fam.*, 6, 1, 2. 6, 2, 2. 6, 3, 2. 6, 18, 2. 6, 21, 1. 13, 16, 3. 15, 17, 3. 15, 18, 2. Plut., *Ant.*, 10.

[6] Dio C., 43, 42.

[7] Dio C., 43, 42-46. Cf. Suet., *Cæs.*, 76. Flor., 4, 2. 91 et App., *b. c.*, 2, 106, qui parlent en même temps des honneurs votés à ce moment et de ceux qui le furent plus tard.

[8] Dio C., 43, 42. 45, 6.

[9] Dio C., 43, 43. Suet., *Cæs.*, 45.

[10] Cf. Suet., *Cæs.*, 76 *templa.*

[11] Dio C., 43, 44. Suet., *Cæs.*, 76.

poser des revenus du trésor [1]. On ne peut pas dire cependant qu'il avait le pouvoir suprême, comme l'eut plus tard Auguste [2]; César en effet était dictateur, et exerçait tous les pouvoirs du dictateur, tandis qu'Auguste a eu la même autorité sans être revêtu de la dictature. Il n'en est pas moins vrai que les magistrats n'étaient plus que ses subordonnés; dans les provinces ils étaient ses lieutenants, et dépendaient absolument de lui. Le sénat et le peuple s'entendirent encore pour donner à César un palais surmonté d'un fronton (*fastigium*); les temples seuls en avaient. Ce palais (*domus publica*) fut élevé sur le Palatin [3], les jours anniversaires des victoires de César furent déclarés jours fériés (*dies feriati*) [4]. Le Sénat et le peuple l'autorisèrent encore à désigner les magistrats de la plèbe [5], et à prendre pour lui le consulat pendant dix années consécutives [6]. Le sénat, sans l'intervention du peuple qui n'était pas nécessaire, décida que la statue de César portée en triomphe sur un char dans le cirque (*Pompa circensis*) [7] serait en ivoire [8]; le sénat lui fit encore élever une statue dans le temple de Quirinus avec cette inscription : *deo invicto*; une autre statue de César fut placée au Capitole, près de celles des rois [9]. Le peuple vit de mauvais œil ces derniers actes de servilité; il le montra aux jeux de la Victoire qui furent célébrés le 20 juillet, avant le retour de César; le peuple n'applaudit pas, quand le char qui portait la statue s'avança dans l'arène [10].

César n'accepta pas tous ces honneurs [11]; il refusa surtout

[1] Dio C., 43, 44. 45. Cf. 44, 48. 46, 17.

[2] Dio C., 52, 41. 53, 17.

[3] Dio C., 43, 44. Cic., *Att.*, 12, 45, 3. 12, 47, 3. *Phil.*, 2, 43, 110. Plut., *Cæs.*, 63. Suet., *Cæs.*, 80. Flor., 4, 2, 91. Obseq., 67.

[4] Dio C., 43, 44. App., *b. c*, 2, 106. On inscrivit sur les calendriers comme *nefasti principio* ceux de ces jours qui ne l'étaient pas encore, c'est-à-dire le 27 mars, le 6 avril, le 2 août et le 9 août.

[5] Dio C., 43, 45. 47. Nic. Dam., *Vit. Aug.*, 20.

[6] Dio C., 43, 45. App., *b. c.*, 2, 106. 107. Suet., *Cæs.*, 76.

[7] Dio C., 43, 14. 21. Cf. Suet., *Cæs.*, 76 *tensam et ferculum circensi pompa*.

[8] Dio C., 43, 45. Cf. 44, 6. Cic., *Att.*, 13, 28, 3. 13, 44, 1. Fest., p. 364.

[9] Dio C., 43, 45. Suet., *Cæs.*, 76. Cic., *Att.*, 12, 45, 3. 13, 28, 3. *Dej.*, 12, 33.

[10] Cic., *Att.*, 13, 44, 1. Cf. 13, 43. *Dej.*, 12, 34. *Fam.*, 12, 18, 2.

[11] Dio C., 43, 46.

le consulat pour dix ans[1], non par modestie, mais parce qu'il n'attachait plus aucune importance à la vieille magistrature républicaine. Il lui suffisait, pour assurer l'établissement du pouvoir monarchique, d'avoir le titre de dictateur, d'être seul commandant des troupes et de diriger toutes les magistratures. En fait ce pouvoir était déjà la monarchie[2]; il ne manquait plus que le titre de roi, *rex*, et dans le peuple on s'habituait à ne plus désigner César que sous ce titre de *Roi*[3].

A son retour César célébra un triomphe pour sa campagne d'Espagne, et donna au peuple un festin (*prandium*)[4]. Le triomphe fut mal vu des Romains; César ne triomphait pas cette fois de peuples ni de rois étrangers, il n'avait vaincu que des citoyens et ne triomphait que de citoyens romains[5]. On se plaignit aussi du festin, et cinq jours après César dut en donner un second[6]. Enfin le mécontentement fut au comble quand on vit César faire aussi célébrer un triomphe à ses lieutenants Q. Fabius Maximus et Q. Pedius; la défaite des Pompéiens avait donc donné lieu à trois cérémonies de ce genre[7].

César abandonna ensuite son titre de consul *sine collega*, et fit élire consuls pour le reste de l'année Q. Fabius Maximus et C. Trebonius[8]. L'élection eut lieu avant le 13 octobre, puisque ce jour-là Q. Fabius Maximus célébra son triomphe en qualité de consul[9]. Le peuple sentit bien que les consuls nommés pour trois mois n'étaient plus de véritables consuls[10]. César avait refusé le droit de nommer lui-même les préteurs et les questeurs[11]; il supprima les préfets, et fit procéder à

---

[1] App., *b. c.*, 2, 107.
[2] Cf. App., *proœm.*, 6.
[3] Cic., *Att.*, 13, 37, 2.
[4] Dio C., 43, 42. Plut., *Cæs.*, 56. Liv., *ep.*, 116. Vell., 2, 56. Suet., *Cæs.*, 37. 38. 78.
[5] Plut., *Cæs.*, 56. Cf. Flor., 4, 2, 89.
[6] Suet., *Cæs.*, 38. Cf. Plut., *Cæs.*, 57.
[7] Dio C., 43, 42. Fast. triumph., I. L. A., p. 461.
[8] Dio C., 43, 46. Suet., *Cæs.*, 76. I. L. A., p. 440. 466.
[9] I. L. A., p. 461.
[10] Suet., *Cæs.*, 80.
[11] Dio C., 43, 47.

des élections de préteurs et de questeurs pour le reste de l'année ; leur nombre fut augmenté, probablement en vertu d'une loi *Julia de magistratibus*, ou de lois particulières, *leges Juliæ de prætoribus, quæstoribus*, etc. ; ces lois de César doivent être de l'époque dont nous parlons[1]. Leur nombre fut calculé en vue des nécessités de l'administration provinciale changée par la loi Julia de provinciis (voir plus haut, page 509) ; deux consuls et dix préteurs ne suffisant plus à l'administration des dix-huit provinces de la République, César fit nommer quatorze préteurs et quarante questeurs ; pour fixer ce dernier chiffre si élevé, César avait surtout tenu compte du grand nombre de candidatures qui s'étaient produites[2]. Quatre des dix-huit provinces devaient recevoir comme gouverneurs les consuls des deux dernières années, pour les autres, il fallait donc quatorze préteurs. Il n'y eut rien de changé dans le nombre des édiles curules et des magistrats inférieurs[3]. Il est probable qu'un certain nombre des préfets furent alors élus préteurs.

Pour ce qui concerne la répartition des provinces consulaires en 44, nous savons seulement que C. Trebonius alla remplacer P. Servilius en Asie[4]. César ne put appliquer exactement sa loi Julia de provinciis dans les provinces prétoriennes, ou du moins les préteurs de 45 ne furent pas tous pourvus de provinces pour 44[5]. Nous savons d'une manière certaine que L. Minucius Basilus[6] n'eut pas de province et reçut en échange une somme d'argent[7]. César donna quelques provinces aux magistrats de 46 qui n'avaient pas encore été gouverneurs. M. Æmilius Lepidus, le consul de 46, eut les deux provinces de la Gaule Narbonaise et de l'Espagne citérieure, et fut autorisé à les faire administrer par des lieute-

---

[1] Cf. Dio C., 43, 50 ; son expression sommaire νόμους εἰσέφερε désigne les lois présentées par César depuis son retour jusqu'au commencement de 44.

[2] Dio C., 43, 47.

[3] Dio C., 43, 47.

[4] App., *b. c.*, 3, 2.

[5] Dio C., 43, 47.

[6] Cf. Cæs., *B. G.* 6, 29. Cic., *Off.*, 3, 18, 73

[7] Dio C., 43, 47.

nants [1]. La Gaule, conquise par César, fut divisée en deux
provinces ; l'une fut donnée [2] à A. Hirtius [3], le préteur de 46,
qui avait accompagné César en Espagne [4] ; l'autre à L. Munatius Plancus, qui avait été préfet en 45, et probablement
préteur urbain à la fin de la même année [5]. D. Junius Brutus,
qui gouvernait alors la Transalpine et exerçait la préture
en 45, eut la Gaule Cisalpine [6]. Un préteur de la même
année [7], C. Asinius Pollio qui, après son tribunat, avait suivi
César en Afrique [8] et en Espagne [9], alla remplacer C. Albius
Carrinas dans l'Espagne ultérieure [10]. L. Statius Murcus [11] fut
envoyé en Syrie pour chasser Q. Cæcilius Bassus [12] ; Q. Mar-
cius Crispus devait aller en Bithynie [13], mais il fut envoyé au
secours de L. Statius Murcus ; L. Tillius Cimber, un ardent
partisan de César [14], prit possession de la Bithynie [15]. Q. Hortensius Hortalus, fils de l'orateur, fut récompensé des services rendus à César pendant la guerre civile [16], par la province de Macédoine [17]. Q. Cornificius passa de Syrie en
Afrique [18]. P. Vatinius resta en Illyrie [19], M. Acilius Glabrio,

[1]) Dio C., 43, 51. 45, 10. App., *b. c.*, 2, 107. 3, 46. Cf. Vell., 2, 63.
Nic. Dam., *Vit. Aug.*, 28.

[2]) Cic., *Fam.*, 10, 1 et seq. *Phil.*, 5, 2, 5. Dio C., 46, 20. App., *b. c.*, 3,
46. Nic. Dam., *Vit. Aug.*, 28.

[3]) Cic., *Att.*, 14, 9, 3.

[4]) Cic., *Att.*, 12, 37, 4. Suet., *Aug.*, 68.

[5]) Cic., *Fam.*, 13, 29.

[6]) Cic., *Phil.*, 3, 4, 8. App., *b. c.*, 3, 2. Dio C., 45, 10. 14. Nic. Dam.,
Vit. Aug., 28.

[7]) Cf. Vell., 2, 73.

[8]) Plut., *Cæs.*, 52. Cic., *Att.*, 12, 2, 1.

[9]) Cic., *Att.*, 12, 38, 2.

[10]) App., *b. c.*, 3, 46. 4, 83. Dio C., 45, 10. Vell., 2, 73. Cf. Cic., *Fam.*,
10, 31. Nic. Dam., *Vit. Aug.*, 28.

[11]) Cf. Cæs., *b. c.*, 3, 15. *Att.*, 12, 2, 1.

[12]) Jos., *B. Jud.*, 1, 10, 10. 1, 11, 1. Cic., *Fam.*, 12, 11, 1. *Phil.*, 11, 12,
30. Dio C., 47, 27.

[13]) App., *b. c.*, 3, 77. 4, 58. Cic., *Phil.*, 11, 12, 30. *Fam.*, 12, 11, 3. Dio
C., 47, 27. Cf. Cic., *Pis.*, 23, 54.

[14]) Sen., *De ira*, 3, 30.

[15]) App., *b. c.*, 3, 2. Dio C., 47, 31. Cic., *Fam.*, 12, 13, 3.

[16]) App., *b. c.*, 2, 41. Cic., *Att.*, 10, 4, 6. 10, 12, 1.

[17]) Cic., *Phil.*, 10, 5, 11. 10, 6, 13. 10, 11, 26. Dio C., 47, 21.

[18]) Cic., *Fam.*, 12, 21. 12, 17. 12, 18. Dio C., 48, 21. App., *b. c.*, 4,
53. 3, 85. 4, 36.

[19]) App., *Illyr.*, 13. Dio C., 47, 21. Cic., *Phil.*, 10, 5, 11. 10, 6, 13.

en Grèce[1] ; T. Sextius[2] fut nommé en Numidie[3] ; A. Pompeius Bithynicus[4], en Sicile. Ces deux derniers ont dû aussi exercer les fonctions de préteur en 45. Nous ne connaissons pas les noms de ceux qui furent désignés pour les provinces de Sardaigne, de Cilicie, de Crète et de Cyrénaïque. Disons tout de suite que les événements de 44 modifièrent beaucoup les dispositions prises par César.

[1]) Cic., *Fam.*, 7, 30, 3. 7, 31, 1. Cf. Nic. Dam., *Vit. Aug.*, 16, où il faut lire Μάνιος Ἀχίλιος, à la place de Μάχχος Αἰμίλιος.
[2]) Cf. Cæs., *B. G.*, 6, 1.
[3]) Cf. App., *b. c.*, 3, 85. 4, 53. Dio C., 48, 21.
[4]) Cic., *Fam.*, 6, 16. 17. Cf. Liv., *ep.*, 123. App., *b. c.*, 4, 84. Dio C., 48, 17.

CHAPITRE VINGT-TROISIÈME

César était arrivé au faîte des honneurs ; comment expliquer qu'il put faire assez de fautes, commettre assez d'imprudences pendant les cinq mois qui suivirent le retour d'Espagne [1], pour provoquer un complot qui fut organisé, non par ses anciens adversaires, mais par ses partisans intimes, dans le but de lui enlever, non seulement le pouvoir, mais la vie même ? La chose s'explique par l'affaiblissement de son intelligence ; son puissant génie avait été mis à de rudes épreuves depuis quatorze ans, c'est-à-dire depuis son premier consulat, et le danger personnel qu'il avait couru à Munda avait fait sur lui une grande impression ; il avait conservé la raison, mais son esprit s'était affaibli et avait perdu son équilibre. Il avait eu déjà plusieurs fois des attaques d'épilepsie [2] ; en Espagne, il était tombé malade, et sa maladie avait retardé les opérations militaires [3]. Il était devenu irritable à l'excès, des frayeurs troublaient son sommeil [4]. Il attachait de l'importance à des choses futiles : ainsi il fut très froissé de ce que pendant la cérémonie du triomphe célébré au sujet des victoires d'Espagne, le tribun L. Pontius Aquila oublia de se lever, lors de son passage, sur son siège de tribun [5]. Nous trouvons encore une preuve du dérangement de ses facultés dans les paroles imprudentes que l'on rapporte de lui : il aurait dit un jour que l'expression *respublica* était pour lui

[1] Vell., 2, 56.
[2] Suet., *Cæs.*, 45. Plut., *Cæs.*, 53. Cf. Nic. Dam., *Vit. Aug.*, 23.
[3] Dio C., 43, 32.
[4] Suet., *Cæs.*, 45. Cf. 86. App., *b. c.*, 2, 110. Plut., *Cæs.*, 60.
[5] Suet., *Cæs.*, 78.

un mot vide de sens ; que Sylla avait été un insensé d'abdiquer la dictature ; que l'on devait recueillir avec soin toutes ses paroles, et considérer toutes ses décisions comme des lois [1].

Dans son aveuglement César se laissa prendre aux flatteries ; nous ne retrouvons plus en lui à cette époque l'admirable discernement qui lui permettait de porter un jugement juste sur les hommes et leurs intentions. Il ne devina pas que les flatteries exagérées du Sénat et du peuple étaient imaginées en partie par ses pires ennemis, qui espéraient le perdre en le faisant détester [2]. Les propositions de ce genre [3] commencèrent après le retour d'Espagne, au moment où Cicéron n'avait pas encore prononcé son discours en faveur de Déjotarus [4]. Cicéron, d'ailleurs, prit part à ces manœuvres, dirigées contre le dictateur [5]. Il venait de perdre sa fille au mois de février 45 [6] ; à cause de son deuil, il resta quelque temps étranger aux affaires publiques [7] et s'occupa de philosophie [8]. Pendant la guerre, il avait échangé plusieurs lettres avec César [9], qui lui adressa ses condoléances au sujet de la mort de Tullia [10] ; César ne lui témoigna pas trop de mécontentement [11] au sujet de son ouvrage en l'honneur de Caton [12] : il se contenta d'ajouter à la réplique de A. Hirtius [13] deux livres, qui furent écrits au moment de la bataille de Munda,

[1]) Suet., *Cæs.*, 77.
[2]) Dio C., 44, 3. 7. Plut., *Cæs.*, 57. Nic. Dam., *Vit. Aug.*, 20. Cf. Cic., *Phil.*, 13, 19, 40.
[3]) Dio C., 44, 4. Zon., 10, 12.
[4]) Cf. Cic., *Dej.*, 12, 34.
[5]) Plut., *Cæs.*, 57. Cic., 40. Cf. Cic., *Phil.*, 13, 19, 40.
[6]) Cic., *Att.*, 12, 13, 1. 12, 14, 3. 12, 18, 1. 12, 19, 1. 12, 20, 2. *Fam.*, 4, 5. 6. 5, 13-15. 9, 11. Plut., *Cic.*, 41.
[7]) Cic., *Att.*, 12, 21, 5.
[8]) Cic., *Att.*, 13, 12, 3. 13, 13, 1. 13, 16, 1. 13, 19, 3 et seq. 13, 21, 3 et seq. *Fam.*, 9, 8.
[9]) Cic., *Fam.*, 13, 15. 16.
[10]) Cic., *Att.*, 13. 20, 1. 13, 22, 5.
[11]) Plut., *Cic.*, 39. *Cæs.*, 54. Dio C., 43, 13. App., *b. c.*, 2, 99. Cic., *Att.*, 13, 46, 2.
[12]) Cic., *Att.*, 12, 4, 2. 12, 5, 2. *Fam.*, 16, 22, 1. *Orat.*, 10, 35. Gell., 13, 20 (19), 3.
[13]) Cic., *Att.*, 12, 40, 1. 12, 41, 4. 12, 44, 1. 12, 45, 3. 12, 47, 3.

et auxquels César donna le titre d'Anticato [1]. Cicéron eut un instant l'idée d'écrire en réponse un λόγος συμβουλευτικός en forme de lettre à César [2]; il y renonça sur les conseils de L. Balbus et de C. Oppius [3]. Il répondit à César en ne parlant que de la composition littéraire de son ouvrage [4].

Voici quels furent les nouveaux honneurs imaginés avec la collaboration de Cicéron : ils sont exagérés sans doute, mais beaucoup moins cependant que ceux qui lui furent offerts plus tard. César avait refusé de porter la robe triomphale et de s'asseoir sur un siège curule pendant les jeux ; il avait préféré un siège de tribun (*subsellia tribunicia*), pour rappeler au peuple qu'il était le détenteur de la puissance tribunitienne. Le Sénat déclara [5] que César devrait porter en tout temps la robe triomphale [6] et s'asseoir sur un siège curule ; on dut offrir en son nom les dépouilles opimes à Jupiter Férétrien, comme s'il avait tué un chef ennemi de sa propre main [7] ; les faisceaux de ses licteurs furent ornés de lauriers en tout temps ; on l'autorisa à revenir des féries latines sur le mont Albain à cheval, comme s'il célébrait une ovation (*ovans ex monte Albano*). On lui donna le surnom de Père de la Patrie, *Pater patriæ* [8] ; on l'autorisa à l'inscrire sur les pièces de monnaie à la suite de son nom et de ses titres ; on décida qu'on lui dresserait des statues dans les municipes, dans tous les temples de Rome ; on devait en placer deux aux Rostres, l'une couronnée de la couronne civique, l'autre de la couronne obsidionale [9]. Le jour de sa naissance serait désormais un jour férié, *dies*

---

[1] Suet., *Cæs.*, 56. Gell., 4, 16, 8. Cic., *Top.*, 25, 94. Quint., 3, 7, 28. Plut., *Cæs.*, 54.

[2] Cic., *Att.*, 12, 40, 2. 12, 51, 2. 12, 52, 2. 13, 1, 3.

[3] Cic., *Att.*, 13, 26. 27. 28.

[4] Cic., *Att.*, 13, 50, 1. 13, 51, 1.

[5] Dio C., 44, 4.

[6] Cf. App., *b. c.*, 2, 106.

[7] Cf. Fest., p. 186. 189. Liv. 1, 10. 4, 20.

[8] Cf. Liv., *ep.*, 116. Suet., *Cæs.*, 76. Flor., 4, 2, 91. Dio C., 44, 48. App., *b. c.*, 2, 106. 144. Nic. Dam., *Vit. Aug.*, 22. Cic., *Phil.*, 13, 10, 23.

[9] Cf. Cic., *Dej.*, 12, 34. Flor., 4, 2, 91. App., *b. c.*, 2, 106. Suet., *Cæs.*, 76 *simulacra juxta deos*. Nic. Dam., *Vit. Aug.*, 20.

feriatus[1]. On élèverait en son honneur un temple à la Con_
corde, et tous les ans on célébrerait une fête pour rappeler
le service rendu par César, qui avait rétabli l'ordre et l'union
dans l'État[2].

César enfin avait perdu la notion exacte des choses ; nous
en trouvons la preuve dans la conception de ses projets
gigantesques. En Espagne il avait déjà songé à diriger une
grande expédition contre les Parthes[3], qui pouvaient profiter
de la révolte de Q. Cæcilius Bassus en Syrie[4] pour envahir le
territoire romain[5]. Pour conjurer le danger probable, il suffisait d'envoyer en Syrie et en Cilicie de bons gouverneurs
avec une bonne armée. Mais on racontait et on croyait qu'a-
près avoir vaincu les Parthes, César reviendrait par le nord
de la mer Noire, en traversant le pays des Scythes et des
Germains[6]. César voulait encore, en qualité de grand pontife, faire une vaste compilation du droit civil[7]. Investi des
pouvoirs des censeurs, il projeta de grands travaux plus ou
moins fantastiques : il voulait reculer le *Pomærium* comme
Sylla[8], déplacer le lit du Tibre, reconstruire la ville en lui
donnant des dimensions plus grandioses ; le champ de Mars
devait être couvert de constructions, on établirait une nouvelle place publique dans la plaine du Vatican. César avait
déjà fait préparer les plans de ces grands changements pendant son séjour en Espagne, et chargé un tribun de proposer
avant son retour une loi *de urbe augenda*[9], il avait choisi pour
cela un tribun parent de T. Pomponius Atticus ; il s'appelait
Pomponius, ou bien Cæcilius, nom d'adoption que lui aurait ．

---

[1]) Cf. Dio C., 47, 18. Hor., *ep.*, 1, 5, 9 et les scholies. I. L. A., p. 324.
Suet., *Cæs.*, 76 emploie l'expression de *aras*.

[2]) Cf. Suet., *Cæs.*, 76 *templa*.

[3]) Cic., *Att.*, 13, 27, 1. 13, 31, 3.

[4]) Voir plus haut, p. 511.

[5]) Cic., *Fam.*, 12, 19, 2.

[6]) Plut., *Cæs.*, 58. Zon., 10, 11. Cf. Suet., *Cæs.*, 44. *Aug.*, 8. App.,
b. c., 2, 110. 3, 25. *Illyr.*, 13.

[7]) Suet., *Cæs.*, 44.

[8]) Dio C., 43, 50. 44, 49. Zon., 10, 12. Gell., 13, 14, 4. Cf. avec Tac.,
Ann., 12, 23.

[9]) Cic., *Att.*, 13, 20, 1. 13, 33, 4. 13, 35. Cf. Suet., *Cæs.*, 44. Dio C.,
43, 49.

donné Atticus. En outre, César voulait encore faire partir du
Tibre un canal qui aboutirait à Terracine et drainerait les
Marais-Pontins [1] ; le port d'Ostie serait amélioré, le lac Fucin
desséché, une grande route militaire traverserait l'Apennin
et irait de Rome à l'Adriatique ; on percerait l'isthme de
Corinthe pour abréger la route d'Asie [2]. Il voulait fonder de
grandes bibliothèques ; M. Terentius Varro, qui avait encore
combattu avec Pompée [3] après avoir fait sa soumission en
Espagne, mais que César avait gracié [4], fut chargé d'acheter
des livres [5]. Il voulait étendre peu à peu le droit de cité à tous
les habitants de l'empire ; il projeta dans ce but un recensement total des populations et des terres de l'empire : un
sénatus-consulte décida que cette vaste opération commence-
rait l'année suivante [6]. De tous ces beaux projets, deux seulement reçurent un commencement d'exécution du vivant de
César : on prépara le plan cadastral et on commença la reconstruction de Rome par le forum [7].

Vers le mois de novembre 45, le Sénat discuta les projets
concernant les Marais-Pontins, l'isthme de Corinthe et la
reconstruction de Rome ; il en profita pour voter à César de
nouveaux honneurs [8]. On approuva nécessairement tous ses
plans ; on décida, en outre, que César construirait un temple
à la *Félicité* sur l'emplacement de la Curia Hostilia, restaurée
par Faustus Sylla ; on reconstruirait ailleurs la Curia Hostilia, qui prendrait le nom de *Curia Julia*. La préfecture des
mœurs, accordée à César pour trois ans en 46, ne suffisait
plus pour assurer la réalisation de ces grands travaux ; on lui
donna la préfecture des mœurs pour toute sa vie [9]. On lui re-

---

[1]) Cf. Cic., *Phil.*, 5, 3, 7.

[2]) Suet., *Cæs.*, 44. Dio C., 44, 5. Plut., *Cæs.*, 58. Cf. Hor., *ep. ad Pis.*,
63 et seq.

[3]) Cic., *de div.*, 1, 32, 68.

[4]) Cf. Cic., *Fam.*, 9, 1-8. *Phil.*, 2, 40, 103.

[5]) Suet., *Cæs.*, 44.

[6]) *Æthic. cosmogr.*, p. 26 (d'après Pomponius Mela, édition Gronovius,
L. B. 1696). Dicuili, *De mensura orbis terrarum*, p. 28. (Parthey.) Boeth.
dem. art. geom., apud *Agrim*, p. 395 L.

[7]) Dio C., 43, 49. Nic. Dam., *Vit. Aug.*, 22.

[8]) Dio C., 44, 5. Zon., 10, 12.

[9]) Cf. Suet., *Cæs.*, 76.

connut l'inviolabilité tribunitienne dans toute l'étendue de l'empire[1] ; celle qui lui avait été accordée en 48 était l'inviolabilité ordinaire du tribun, qui ne pouvait se faire respecter que dans l'intérieur de Rome et à la distance d'un mille. On songeait déjà à l'hérédité ; en avril, on avait décidé que César pourrait transmettre son titre d'imperator ; on voulut encore qu'un de ses fils, naturel ou adoptif, fût élu pontife.

En acceptant de pareils privilèges, César montrait qu'il était de plus en plus aveugle et ne savait pas contenir son ambition dans les limites que lui imposait la plus vulgaire prudence. En même temps il témoignait aux Pompéiens une confiance qui dégénérait en faiblesse. Dans l'*Anticato*, il avait parlé d'eux avec une certaine amertume, s'était même montré violent[2] ; il n'en continua pas moins à gracier les chefs du parti[3] : A. Manlius Torquatus[4], Trebianus[5], A. Cæcina[6]. Il finit par accorder un pardon général, autorisant ses ennemis non seulement à rentrer, mais à briguer les honneurs (*jus honorum*)[7] ; César ne prévoyait pas que les Pompéiens profiteraient de sa générosité pour se venger des maux qu'il leur avait fait subir[8]. Il permit à tous, indistinctement, de se présenter aux comices de 44 : une pareille mesure blessa les partisans de César, et les Pompéiens ne témoignèrent aucune reconnaissance[9]. César laissa même rentrer[10], à quelques exceptions près[11], ceux qui avaient été condamnés à l'exil par les tribunaux[12].

[1]) Cf. Liv., *ep.*. 116. App., *b. c.*, 2, 106. 108. 144. Dio C., 44, 49. 50. Nic, Dam., *Vit. Aug.*, 22.

[2]) Plut., *Cæs.*, 54. Cic., *Top.*, 25, 94. Quint., 3, 7, 28.

[3]) Cf. Cic., *Fam.*, 13, 9.

[4]) Cic., *Fam.*, 6, 1-4. Cf. *Att.*, 7, 14, 2. 9, 8, 1.

[5]) Cic., *Fam.*, 6, 11, lettre écrite en 709, et non en 706. Cf. 6, 10.

[6]) Cic., *Fam.*, 6, 5-8. Suet., *Cæs.*, 75. Cf. Cæs., *B. Afr.*, 89. Cic., *Fam.*, 13, 66.

[7]) Dio C., 43, 50. App., *b. c.*, 2, 107. Suet., *Cæs.*, 75. Vell, 2, 56. Serv., *ad Verg. Æn.*, 6, 612.

[8]) Nic. Dam., *Vit. Aug.*, 19.

[9]) Nic. Dam., *Vit. Aug.*, 19. Cf. Sen., *de ira*, 3, 30.

[10]) App., *b. c.*, 2, 107. Cf. Cic., *Phil.*, 11, 5, 11 et seq.

[11]) Il y a des exemples donnés par App., *b. c.*, 2, 117, Plut., *Cæs.*, 66. *Brut.*, 17. Nic. Dam., *Vit. Aug.*, 24.

[12]) Cf. Cic., *Fam.*, 15, 19, 3.

Malgré ses grandes entreprises, César n'avait pas négligé un instant de prendre toutes les mesures qui pouvaient faciliter l'exercice du pouvoir absolu.

En qualité de préfet des mœurs, il dressa la liste du sénat (*lectio senatus*) ; il ne se préoccupa guère de relever le prestige de cette institution républicaine ; il chercha plutôt à asservir la haute assemblée, à en faire l'instrument de ses volontés. Il chassa quelques sénateurs, condamnés en vertu de sa loi sur la concussion (*lex Julia repetundarum*)[1] ; mais il y fit entrer des fils d'affranchis et de soldats, même des Gaulois, qui avaient reçu de lui le titre de citoyen[2]. Il voulut faire croire à une réforme démocratique[3], en élevant le nombre des sénateurs de six cents à neuf cents[4]. Dans l'intérieur de l'assemblée, sans tenir compte des règlements, il distribua les insignes et classa les sénateurs à sa fantaisie : ainsi les dix préteurs de 46 eurent le droit de porter les insignes consulaires (*ornamenta consularia*) et de siéger avec les consulaires[5] ; il accorda même à des personnages, qui ne faisaient pas encore partie du Sénat, le droit de prendre les titres de consulaire et de prétorien et d'en porter les insignes (*adlectio inter consulares et inter prætorios*)[6]. Dans un sénat aussi nombreux, les coalitions devinrent plus difficiles, et César put lui présenter toutes ses propositions sans avoir à craindre d'opposition. Du reste, le sénat renonça à toute initiative ; après la guerre d'Espagne, son action législative se borna à voter des honneurs à César et à accepter ses propositions. S'il accorda des actions de grâces à P. Vatinius[7], gouverneur d'Illyrie, et à son prédécesseur, P. Sulpicius Rufus[8], ce fut avec l'assentiment de César[9].

César comprit qu'il fallait faire entrer de nouvelles familles

---

[1] Suet., *Cæs.*, 43.
[2] Dio C., 43, 47. Suet., *Cæs.*, 76. 80. Cic., *de div.*, 2, 9, 23.
[3] Sall., *de rep. ord.*, 2, 11.
[4] Dio C., 43, 47.
[5] Suet., *Cæs.*, 76.
[6] Dio C., 43, 47.
[7] Cic., *Fam.*, 5, 106.
[8] Cic., *Fam.*, 13, 77, 1.
[9] Cic., *Fam*, 5, 10 *a*, 3. Cf. 5, 9, 1.

dans le patriciat[1]; ce dernier n'était plus assez nombreux pour fournir des membres aux collèges sacerdotaux exclusivement réservés aux patriciens. Il se fit reconnaître dès 45 le droit d'opérer lui-même cette réforme par une loi *Cassia*[2], qui est probablement de L. Cassius Longinus, le frère de Quintus et de Gajus, devenu tribun le 10 décembre de cette année 45[3]; Cassius avait soutenu César pendant la guerre civile[4]; rien ne s'oppose donc à ce qu'il ait été chargé par César de faire cette proposition au peuple au début de son tribunat. La réforme (*adlectio*) fut faite devant les comices curiates; nous remarquons que César fit entrer dans le patriciat[5] son petit-neveu, C. Octavius, fils de C. Octavius et de Atia; Atia était fille de M. Atius Balbus et de Julie, la sœur de César[6].

On poursuivit quelques candidats aux magistratures de 45, qui avaient violé les lois Juliennes[7], surtout la loi somptuaire[8], et la loi de Pompée sur la brigue[9]. En réalité, ces magistrats avaient été nommés par César et non élus par le peuple; intéressé dans ces procès, César ne permit pas aux préteurs de présider les tribunaux; assisté d'un conseil (*consilium*), il prononça lui-même le jugement. Il eut l'imprudence, — on ne manqua pas de l'en blâmer ouvertement, — d'acquitter[10] quelques-uns de ces magistrats, dont la culpabilité était évidente.

César avait usurpé les fonctions judiciaires réservées aux préteurs, il avait agi en monarque; il en fut de même dans le procès du roi Déjotarus. Ayant à se plaindre de la cruauté avec laquelle Déjotarus traitait les membres de sa famille[11],

---

1) Dio C., 43, 47. Suet., *Cæs.*, 41.
2) Tac., *Ann.*, 11, 25.
3 Cic., *Phil.*, 3, 9, 23.
4) Cæs., *B. C.*, 3, 34. 55. Dio C., 41, 51.
5) Dio C., 45, 2. 46, 22. Suet., *Aug.*, 2. Nic. Dam., *Vit. Aug.*, 15.
6) Suet., *Aug.*, 3. 4. Nic. Dam., *Vit. Aug.*, 2. 3. Vell., 2, 59. Dio C., 45, 1. Plut., *Cic.*, 44.
7) Cic., *Att.*, 13, 7, 1.
8) Suet., *Cæs.* 43.
9) Cic., *Att.*, 13, 49, 1. *Fam.*, 7, 24, 2. Cf. *Att.*, 13, 6, 3.
10) Dio C., 43, 47.
11) Plut., *Stoic. repugn.*, 32. Strab., 12, 5, 3.

son neveu Castor l'accusait d'avoir voulu faire périr César pendant la guerre d'Asie, en 47, et d'avoir préparé une révolte pendant que César combattait les Pompéiens en Afrique[1]. D'après la constitution républicaine, un pareil procès rentrait dans la compétence du Sénat ; César le réclama, disant qu'il avait la direction de toutes les affaires étrangères, en vertu de son droit de paix et de guerre et de son titre d'imperator. Le procès fut plaidé, non pas sur le forum, comme celui de Q. Ligarius en 46, mais dans la maison de César[2]. Malgré le beau discours de Cicéron en faveur de Déjotarus (*pro Dejotaro*)[3], César renvoya le règlement de l'affaire à plus tard ; il la trancherait quand il traverserait l'Asie pour aller combattre les Parthes[4].

Dans la période qui s'écoula entre le retour d'Espagne et les élections pour l'année 44, César fit plusieurs lois, *leges Juliæ*[5] ; quelques-unes de celles que nous avons citées plus haut sont peut-être de cette époque ; on doit y rapporter sûrement les lois sur les colonies et sur l'organisation nouvelle des magistratures.

On avait continué en Italie les assignations de terres aux soldats de César. On reconnut bientôt qu'il fallait admettre aussi à la répartition les pauvres que l'on avait privés de distributions gratuites de blé. César étendit son système de colonisation : par une loi *Julia agraria de coloniis in Galliam, Hispaniam et transmarinas provincias deducendis*[6], il s'assura les pouvoirs nécessaires pour donner des terres aux soldats et aux citoyens, aux hommes libres et aux affranchis[7]. Ces terres devaient être prises en Gaule, où l'on avait enlevé une partie de son territoire à Marseille[8] ; en Espagne, où César avait prononcé de nombreuses confiscations ; en Afrique, en Macédoine, en Grèce, en Asie, où il y avait encore de vastes

---

[1]) Cic., *Dej.*, 1, 2. 5, 15. 8, 22 et seq.
[2]) Cic., *Dej.*, 2, 5.
[3]) Cf. Cic., *Fam.*, 9, 12, 2.
[4]) Cic., *Phil.*, 2, 37, 94 et seq.
[5]) Dio C., 43, 50.
[6]) *Lex col. Jul. Genet.*, ch. 97. *Dig.*, 47, 21, 3.
[7]) Strab., 8, 6, 23.
[8]) Dio C., 41, 25. Voir plus haut, page 470.

étendues de terres publiques ; si tout cela ne suffisait pas, on achèterait des terres pour créer des colonies de citoyens romains : ce serait pour César un moyen d'étendre le droit de cité sur toute l'étendue de l'empire. Il y eut des lois spéciales pour chaque colonie, rendues en vertu de la loi Julia et de la loi Antonia de coloniis deducendis, votée après la mort de César ; nous connaissons celle qui fut faite en faveur de la colonie d'Urso (*lex coloniæ Juliæ Genetivæ Urbanorum*)[1] ; cette colonie devait recevoir des soldats et huit mille citoyens. Un petit nombre de ces colonies furent organisées du vivant de César, par exemple Narbo et Arles dans la Narbonnaise ; l'établissement des colonies d'Espagne, d'Afrique, de Grèce, de Macédoine, d'Asie-Mineure, par exemple, à Urso, à Carthage, à Corinthe, à Buthrotes, à Lampsaque, fut suspendu par la mort de César[2]. Pour payer les dépenses qu'entraînait l'établissement des nouvelles colonies, César continua à aliéner les biens des Pompéiens[3], et vendit des propriétés de l'État, *loca publica*[4].

La loi *Antonia*[5], du tribun L. Antonius[6], régla la nomination des magistrats ; César ne voulut pas user de tout son droit ; il renonça au privilège qu'on lui avait accordé précédemment de désigner tous les candidats qu'il voulait voir élus ; il préféra se réserver la faculté de désigner les deux consuls et la moitié des autres magistrats ; les autres seraient nommés librement par les suffrages populaires[7]. Le peuple crut alors qu'il avait l'intention de favoriser la démocratie[8]. Par une seconde loi, qui dut porter le titre de *Lex Julia de magistra-*

---

[1] Mommsen, *Eph. epigr.*, 1874, II, p. 105. 221.

[2] Suet., *Cæs.*, 42, *Tib.*, 4. Dio C., 43, 50. Plut., *Cæs.*, 57. App., *Lib.*, 136, *b. c.*, 2, 119, et seq., 125. 133. 139 et seq., 3, 17, 5, 137, Strab., 8, 6, 23. 17, 3, 15. Cic., *Att.*, 16, 16, 4. 11. Boeth., *dem. art. geom.*, p. 395 L.

[3] Suet., *Cæs.*, 50. Macrob., *Sat.*, 2, 2, 5. Cic., *Fam.*, 13, 8, 2.

[4] Dio C., 43, 47. Cf. Cic., *de leg. agr.*, 2, 14.

[5] Dio C., 43, 51. Cic., *Phil.*, 7, 6, 16.

[6] L. Antonius avait été en 49 proquesteur en Asie avec le titre de propréteur (Jos., *Ant. Jud.*, 14, 10, 13).

[7] Suet., *Cæs.*, 41.

[8] App., *b. c.*, 2, 107.

tibus, César porta le nombre des préteurs de quatorze à seize [1].
Pourquoi ? César avait peut-être l'intention de confier l'administration du trésor à deux anciens préteurs [2] ; peut-être aussi
voulait-il avoir deux préteurs supplémentaires pour prendre
le gouvernement d'une province, s'il venait à se produire
quelque décès parmi les quatorze préteurs. Il augmenta par
la même loi le nombre des édiles ; deux, nommés *ædiles
ceriales* furent chargés de l'administration devenue si impor-
tante des approvisionnements de blé [3]. Il porta de trois à
quatre [4] le nombre des tresviri capitales [5] et des tresviri mo-
netales [6].

Les élections pour 44, excepté celle des tribuns, n'eurent
lieu qu'en décembre ; et même l'élection des questeurs ne fut
terminée que le 31 décembre [7] : elle aurait dû cependant pré-
céder celle des consuls, des préteurs et des édiles ; on devait
y procéder avant le 5 décembre, jour d'entrée en fonction des
questeurs.

César se nomma consul, et prit pour collègue M. Antoine [8] ;
Antoine était tombé en disgrâce auprès de César en 47 (voir

[1]) Dio C., 43, 49. 51.

[2]) Cf. Dio C., 43, 48.

[3]) Dio C., 43, 51. Suet., *Cæs.*, 41. Pomp., *Dig.*, 1, 2, 2, 32. Cf. Laberius
v. 64 (Ribb). On réserva à ces deux édiles la direction de l'annone (*cura
annonæ*) et la célébration des jeux de Cérès (*ludi ceriales*). Ils furent choisis
dans la plèbe ; sur les inscriptions ils sont appelés *ædiles plebis ceriales*
(Mommsen, I. R. N. 6787. Cf. Dio C., 47, 40.) [N. D. T.]

[4]) Suet., *Cæs.*, 41. Orelli, *inscr.* 6450. Mommsen, *Münzwesen*, p. 370,
note 14. Eckhel, *doctr. num.*, 5, 212.

[5]) Pour ce qui concerne les *Tresviri capitales*, appelés d'abord *nocturni*,
voir l'article de Rein dans l'encyclopédie de Pauly, au mot *Triumviri* ou
Tresviri capitales, et l'ouvrage de A.-W. Zumpt, *Criminal-recht*, tome I,
2e partie, Berlin, 1865, page 122. Etablis dans le courant du ive siècle avant
J.-C. (Liv. en parle avant 304 : 9, 46), ils se maintinrent sous l'empire jusqu'au milieu du iiie siècle : leur principale attribution sous l'empire consis-
tait à brûler les livres condamnés (Tac., *Agric.*, 2. [N. D. T.]

[6]) Voir Mommsen, *Münzwesen*, Leipzig, 1861, page 366. *Dig.*, 1, 2, 2,
30. Cic., *ad Att.*, 10, 11. Auguste ramena leur nombre à trois (Dio C., 54,
26). Ils disparaissent aussi au iiie siècle. Sous l'empire, leurs fonctions se
bornent à surveiller la fabrication de la monnaie de cuivre ; la monnaie im-
périale, c'est-à-dire la monnaie d'or et celle d'argent, était fabriquée sous la
direction d'un *Procurator* ou *rationalis* nommé par l'empereur. [N. D. T.]

[7]) Cic., *Fam.*, 7, 30, 1.

[8]) Dio C., 43, 49. Plut., *Ant.*, 11.

plus haut, page 486) ; aussi il n'avait pris aucune part aux campagnes d'Afrique et d'Espagne ; mais quand César revint d'Espagne, il alla à sa rencontre, l'accompagna longtemps et obtint son pardon[1]. Les seize préteurs[2] furent élus, contrairement à la loi, sous la présidence d'un préteur[3] ; parmi les élus, on trouve les deux Pompéiens M. Junius Brutus et C. Cassius Longinus, et César leur donna encore les fonctions les plus importantes. Brutus eut la préture urbaine, Cassius fut chargé de juger les étrangers (*jurisdictio inter peregrinos*)[4] ; furent aussi préteurs C. Antonius, L. Cornelius Cinna et d'autres personnages insignifiants.

Après les élections des préteurs, le Sénat et le peuple décidèrent que César serait chargé d'aller venger sur les Parthes la mort de M. Crassus[5]. Comme son absence pouvait durer plusieurs années, on l'autorisa à faire nommer avant son départ les magistrats pour l'année 43 et pour l'année 42[6].

On procéda ensuite aux élections d'édiles et de questeurs pour l'année 44. Le 31 décembre les comices par tribu étaient réunis pour nommer ces derniers, quand on annonça la mort du consul Q. Fabius Maximus, César transforma aussitôt les comices en comices centuriates, et fit nommer consul pour le reste de l'année, c'est-à-dire pour la journée du 31 décembre, C. Caninius Rebilus[7]. Peut-être César le nomma-t-il pour

---

[1]) Plut., *Ant.*, 10 et seq. Cic., *Phil.*, 2, 29-32. Cf. Plut., *Ant.*, 13. Dio C., 45, 28. 40. 46, 17. Cic., *Phil.*, 2, 14, 34. *Att.*, 12, 18*a*, 1. 12, 19, 2. 12, 20, 1.

[2]) Cf. Cic., *Phil.*, 3, 10, 25 et seq., surtout 26, mais il faut faire des corrections : « L. Annius C. (et non *M.*) Antonius. O felicem utrumque! nihil enim maluerunt. C. Antonius Macedoniam. Hoc (et non *hunc*) quoque felicem ! hanc enim habebat semper in ore provinciam. »

[3]) Gell., 13, 15, 4.

[4]) App., *B. C.*, 2, 112. Plut., *Brut.*, 7. *Cæs.*, 62, Cic., *Phil.*, 10, 3,7. Vell., 2, 58.

[5]) Dio C., 43, 51.

[6]) Dio C., 43, 51. Cf. Suet., *Cæs.*, 76. App., *b. c.*, 2, 128. 138; dans ce dernier passage, Appien parle de magistrats nommés pour les cinq années suivantes.

[7]) I. L. A., p. 440. 446. C. Caninius Rebilus avait été lieutenant de César en Gaule (*Cæs.*, *B. G.*, 7, 83), avait accompagné Curio en Afrique (*Cæs.*, *B. C.*, 2, 24; cf. 1, 26); il avait ensuite pris part aux deux guerres d'Afrique (*Cæs.*, *B. Afr.*, 86. 93) et d'Espagne (*Cæs.*, *B. Hisp.*, 35. Cic., *Att.*, 12, 37, 4).

lui donner la province consulaire destinée au consul défunt ;
mais il aurait pu le faire sans jouer cette comédie d'élection
consulaire. Elle eut pour conséquence de rendre le consulat
ridicule aux yeux du peuple, et d'augmenter la haine contre
le *tyran*[1].

Le 1er janvier 44 César prit possession de sa quatrième
dictature[2] et de son cinquième consulat. Il conserva pour
maître de la cavalerie M. Æmilius Lepidus, qui resterait en
fonction jusqu'au jour où il se rendrait dans sa province (voir
plus haut, page 512) ; son neveu, C. Octavius, remplacerait
Lepidus pendant le reste de l'année 44. Octave avait alors
seize ans ; il avait remplacé L. Domitius Ahenobarbus dans
le collège des Pontifes en 47[3] ; il avait été préfet de la ville,
chargé de faire célébrer les féries latines[4] ; il avait accompagné César en Espagne[5] ; ce dernier l'avait institué son héritier par testament et l'avait adopté[6]. En 43, le maître de la
cavalerie devait être Cn. Domitius Calvinus[7], l'ancien gouverneur d'Asie, qui avait pris part à la guerre d'Afrique[8].

Au Sénat, César déclara le 1er janvier[9] qu'il abdiquerait le
consulat avant de quitter Rome, et désigna pour le remplacer
P. Cornelius Dolabella[10], bien qu'il n'eût pas l'âge requis[11] et

---

[1]) Cic., *Fam.*, 7, 30, 1. Dio C., 43, 46. Plut., *Cæs.*, 58. Suet., *Cæs*, 76.
Ner., 15. Macrob., *Sat.*, 2, 3, 6. 2, 2, 13.

[2]) I. L. A., p. 440. 466. Cf. 461. Jos., *Ant. jud.*, 14, 10, 7, et non la
cinquième (*quintum*), comme le dit Dio C., 43, 49. Dio C. est seul à faire cette
erreur. Cette quatrième dictature est la seconde de la dictature décennale,
votée récemment en l'honneur de César ; voir plus haut, p. 512.

[3]) Nic. Dam., *Vit Aug.*, 4.

[4]) Nic., Dam., *Vit. Aug.*, 5.

[5]) Dio C., 43, 41. Suet., *Aug.*, 8. 68. 94. Nic. Dam., *Vit. Aug.*, 10-13.

[6]) Liv., *ep.*, 116. Vell., 2, 59. Suet., *Cæs.*, 83. *Aug.*, 7. Oros., 6, 18.
Flor., 4, 4, 1. Dio C., 44, 35. App., *b. c.*, 2, 143. Nic. Dam., *Vit. Aug.*,
8. 13. Plut., *Cic.*, 44.

[7]) I. L. A., p. 440. 466. Dio C., 43, 51. App., *b. c.*, 2, 107. 3, 9. Plin.,
n. h., 7, 45, 46, 147.

[8]) *Cæs.*, *B. Afr.*, 86. Cic., *Dej.*, 9, 23. Cf. 11, 32.

[9]) Cic., *Phil.*, 2, 32, 80.

[10]) Dolabella avait accompagné César en Afrique et en Espagne (Cic.,
Phil., 2, 30, 75. *Fam.*, 9, 10. 11), et avait toujours été un des favoris du
dictateur (Cic., *Att.*, 13, 52, 2).

[11]) App., *b. c.*, 2, 122. 129. 3, 88.

n'eût pas encore été préteur[1]. Mais Antoine, brouillé avec
Dolabella depuis 47, annonça qu'en qualité d'augure il empê-
cherait l'élection au moyen de l'obnuntiation ; et, en effet,
quand les comices furent réunis, en mars, il usa de ce moyen
d'opposition ; l'élection n'était pas encore faite quand César
fut assassiné[2]. Au commencement de mars[3], on élut les
consuls et les tribuns de 43[4] ; les consuls désignés furent
A. Hirtius et C. Vibius Pansa[5]. Il n'y eut plus d'autres élections pour 43 ni pour 42 ; on sut cependant que César avait
choisi pour le consulat de 42 D. Junius Brutus et L. Munatius Plancus. César avait encore des partisans à récompenser :
il nomma un membre extraordinaire dans le collège des
Quindecimviri ; il en fit entrer trois dans celui des Septemviri
epulones[6].

Le Sénat profita d'une absence de César[7] pour lui voter
de nouveaux honneurs, qui n'ajoutaient rien à son pouvoir,
mais dépassaient en servilité tout ce que l'on avait vu jusque-
là ; le Sénat ne se contenta plus de le traiter comme un roi, il
commença à le vénérer comme un dieu[8]. On remplaça sa
chaise curule du Sénat et du tribunat par un siège en or[9] ;
on l'autorisa à porter non seulement les chaussures rouges
des rois albains, mais le costume complet des anciens rois
(*vestis regia*)[10]. On devait lui donner une garde personnelle
formée de sénateurs et de chevaliers ; les sénateurs s'enga-
gèrent par serment à répondre de la vie de César[11]. Tous les
ans[12], ou d'après un autre témoignage[13], tous les cinq ans,

[1]) Dio C., 42, 33.
[2]) Cic., *Phil.*, 2, 32 et seq. 2, 35, 88. 2, 38, 99. 1, 13, 31. Dio C., 43,
51. 44, 22. 53. App., *b. c.*, 2, 122. Plut., *Ant.*, 11. Vell., 2, 58.
[3]) Dio C., 44, 11. Nic. Dam., *Vit. Aug.*, 22. 23. Suet., *Cæs.*, 80.
[4]) Dio C., 43, 51.
[5]) Nic. Dam., *Vit. Aug.*, 22. Cic., *Phil.*, 3, 15, 37. 39.
[6]) Dio C., 43, 51.
[7]) Dio C., 44, 8.
[8]) Dio C., 44, 6 et seq.
[9]) Cf. Dio C., 44, 11. 17. Cic., *Phil.*, 2, 34, 85. *de div.*, 1, 52, 119. Val.
Max., 1, 6, 13. Plin., *n. h.*, 11, 37, 71, 186. Suet., *Cæs.*, 76. Flor., 4, 2, 91
suggestus in curia. App., *b. c.*, 2, 106. Plut., *Cæs.*, 61.
[10]) Cf. Dio C., 44, 11. 46, 17.
[11]) Suet., *Cæs.*, 84. 86. App., *b. c.*, 2, 124. 131. 145.
[12]) Cf. Dio C., 44, 50.
[13]) App., *b. c.*, 2, 106.

c'est-à-dire à l'époque du lustre, on devait prier pour César,
faire des vœux pour son bonheur [1] ; tous ses actes à l'avenir
auraient force de loi ; on exigerait des magistrats à leur entrée
en fonction le serment de ne rien entreprendre contrairement
aux dispositions prises par César [2]. On célébrerait en son
honneur une fête quinquennale, comme pour un héros
(πενταετηρίς), elle consisterait en jeux [3]. On établit pour la
vieille fête des Lupercales une troisième confrérie de Luperques ; les Luperci Juliani [4], qui prirent place à côté des
Luperci Quintiliani et Fabiani [5] ; dans tous les combats de gladiateurs, à Rome et en Italie, il y aurait un jour réservé à
César [6]. Aux jeux du cirque, il aurait un siège d'or, une couronne d'or ornée de pierreries, comme celle que portait le
triomphateur le jour du triomphe [7] ; le char (*tensa et ferculum*) [8] sur lequel on devait promener sa statue dans le cirque,
serait en ivoire, comme la statue elle-même [9] ; enfin, on tien-
drait prêt un lit dans le cirque pour la statue de César comme
pour celle des dieux [10]. César devait avoir [11] un temple, en
qualité de Jupiter Julius, commun avec celui de la Clé-
mence [12] ; il y aurait un flamine attaché au culte du nouveau
Jupiter [13]. Le cinquième mois, pendant lequel il était né,
devint le mois de Jules (Julius) [14] ; une tribu s'appela la
tribu Julia. César était devenu un dieu [15] ; le Sénat se mit

---

[1] C.f. Dio C., 44, 50.

[2] App., *b. c.*, 2, 106.

[3] Cf. Suet., *Aug.*, 59.

[4] Cf. Suet., *Cæs.*, 76.

[5] Fest., *ep.* p. 87. Fest., p. 257. Ovid., *Fast.*, 2, 377. Prop., 4, 1, 26.
Dion., 1, 80. Cic., *Att.*, 12, 5, 1.

[6] Cf. App., *b. c.*, 2, 106 θυσιῶν τε πέρι καὶ ἀγώνων.

[7] Cf. Suet., *Cæs.*, 76 *suggestum in orchestra*. Flor., 4, 2, 91 *in theatro
distincta radiis corona*.

[8] Suet., *Cæs.*, 76.

[9] Dio C., 44, 6 ; il faut interpréter et corriger ce passage par le suivant :
43, 45. Cf. Fest., p. 364.

[10] Cic., *Phil.*, 2, 43, 110. Suet., *Cæs.*, 76. Cf. Fest., p. 364. Le lit est
appelé *Pulvinar*.

[11] Dio C., Cf. 44, 6 avec 44, 5 ὥσπερ που.

[12] Cf. App., *b. c.*, 2, 106. Plut., *Cæs.*, 57. Suet., *Cæs.*, 76 *templa*.

[13] Cf. Suet., *Cæs.*, 76. Cic., *Phil.*, 2, 43, 110.

[14] Cf. App., *b. c.*, 2, 106. 5, 97. Suet., *Cæs.*, 76. Flor., 4, 2, 91.

[15] Cf. Dio C., 44, 49.

donc en contradiction avec lui-même, en lui accordant une
sépulture à l'intérieur du Pomerium. Tous ces décrets
devaient être gravés en lettres d'or sur des colonnes d'argent,
et ces colonnes seraient placées aux pieds de Jupiter Capi-
tolin [1].

Une députation solennelle du Sénat, à laquelle s'étaient
joints tous les magistrats, porta les décrets à César, qui était
alors occupé à traiter pour les travaux du nouveau forum [2].
Il poussa la distraction jusqu'à oublier de se lever [3] : il n'y
avait là aucune intention ; César s'excusa aussitôt [4] et accepta
presque toutes les distinctions qui lui étaient offertes [5].

Il refusa cependant de prendre une garde personnelle
formée de sénateurs et de chevaliers [6] ; il renvoya même la
garde militaire, dont il se faisait toujours accompagner quand
il paraissait en public et quand il voyageait [7] ; il ne tint
aucun compte [8] des avertissements que lui donnèrent A. Hirtius et C. Pansa [9] sur les dangers qu'il pouvait courir ; il ne
soupçonna pas la malice de ses ennemis qui avaient agi pour
le décider à prendre cette résolution [10]. César conservait la
plus grande assurance : ainsi, on avait dû déplacer les rostres
pour élever les nouvelles constructions du forum ; César
chargea Antoine de relever les statues de Pompée et de
Sylla [11] ; il ne remarqua pas que l'opinion lui devenait de plus
en plus hostile, que le peuple manifestait son mécontentement et tenait des réunions secrètes [12].

César accepta tous les autres décrets, qui furent immédia-

[1]) Dio C., 44, 7.

[2]) Nic. Dam., *Vit. Aug.*, 22, qui a tort de placer cet incident après la
fête des Lupercales ; cf. Dio C., 44, 8 et 43, 49. Suet., *Cæs.*, 78 et seq.

[3]) Dio C., 44, 8. App., *b. c.*, 2, 107. Plut., *Cæs.*, 60. Zon., 10, 11. Liv.,
ep., 116. Suet., *Cæs.*, 78. Eutr., 6, 25.

[4]) Dio C., 44, 8. Plut., *Cæs.*, 60.

[5]) Dio C., 44, 7.

[6]) Dio C., 44, 7. Plut., *Cæs.*, 57.

[7]) Cf. Cic., *Att.*, 13, 52.

[8]) Dio C., 44, 7. App., *b. c.*, 2, 107. 109. 118. Suet., *Cæs.*, 86.

[9]) Vell., 2, 57.

[10]) Nic. Dam., *Vit. Aug.*, 22. Cf. Dio C., 46, 17.

[11]) Dio C., 43, 49. Plut., *Cæs.*, 57. Suet., *Cæs.*, 75.

[12]) Suet., *Cæs.*, 75.

tement appliqués, autant qu'ils pouvaient l'être : on organisa
la confrérie des luperques juliens [1], le consul Antoine en fut
le chef [2] ; Antoine fut aussi nommé flamine du nouveau Jupiter [3]. Le peuple donna un avis favorable sur toutes les matières sur lèsquelles il devait être consulté. Antoine présenta
lui-même la proposition concernant le mois de Jules, *lex Antonia de mense quintili* [4], et une autre loi Antonia, *ut quintus
dies ludorum romanorum Cæsari tribueretur* [5].

Les ennemis secrets de César commencèrent alors à lui
rendre ouvertement les honneurs royaux, à ne plus le désigner que sous le titre de roi. César le leur défendait en termes
qui témoignaient de peu de franchise et laissaient soupçonner
son indécision ; cependant il ne livrait pas son secret et
n'avouait pas qu'il désirait réellement la couronne ; ces
mêmes ennemis placèrent alors en secret sur sa statue des
rostres le diadème que portaient les rois d'Orient. Les tribuns
C. Epidius Marullus et L. Cæsetius Flavus enlevèrent le diadème et réunirent une assemblée dans laquelle ils déclarèrent, à l'éloge de César, que ce dernier ne désirait nullement porter le diadème ; César fut mécontent de la conduite
des tribuns [6]. Le 26 janvier [7], on célébra l'ovation qui devait
avoir lieu à la suite des féries latines ; au moment où César
rentra dans Rome à cheval, il fut encore salué du titre de roi ;
les tribuns firent emmener en prison celui qui avait le premier poussé ce cri. César fut de plus en plus mécontent ; tout
en déclinant le titre qu'on venait de lui donner, il reprocha
aux tribuns de vouloir soulever le peuple contre lui : l'empri-
sonnement qu'ils venaient d'ordonner pouvait laisser croire
qu'en réalité il voulait le titre de roi. Les tribuns publièrent
un édit pour justifier leur conduite : ils avaient agi en vertu
de leurs attributions tribunitiennes. On discuta l'affaire au

---

[1] Cic., *Phil.*, 13, 15, 31. Non., p. 187 G.
[2] Dio C., 44, 11. 45, 30. 46, 5. Nic. Dam., *Vit. Aug.*, 21.
[3] Dio C., 44, 6. Cic., *Phil.*, 2, 43, 110. 13, 19, 41. 13, 21, 47.
[4] Macrob., *Sat.*, 1, 12, 34.
[5] Cic., *Phil.*, 2, 43, 110.
[6] Dio C., 44, 9. Cf. Plut., *Cæs.*, 61. App., *b. c.*, 2, 107. 108.
[7] I. L. A., p. 461.

Sénat; leur collègue C. Helvius Cinna fit voter leur déchéance
par le peuple ; César les condamna à l'exil [1], après avoir rayé
leurs noms sur la liste du Sénat, en vertu de ses fonctions
censoriales [2]. Ceux, au contraire, qui avaient prononcé le nom
de roi ne furent pas inquiétés [3]. Il demanda même au père de
L. Cæsetius Flavus de maudire son fils [4]. On procéda à l'élection de deux nouveaux tribuns [5].

Dans l'intervalle qui s'écoula entre l'ovation du mont
Albain [6] et la fête des Lupercales [7] (15 février), César fut
nommé dictateur à vie, *dictator perpetuus*, par le Sénat et
par le peuple [8]. Il abdiqua sa quatrième dictature, et dut
prendre possession de son nouveau titre après le 9 février [9].
César crut peut-être qu'en acceptant la dictature à vie il don-
nerait un démenti concluant à son prétendu dessein d'arriver
à la monarchie [10]. Malheureusement la dictature à vie n'était
autre chose qu'une royauté, il ne manquait que le nom [11] ; en
acceptant pour la vie un pouvoir irresponsable [12], il ne justi-
fiait que trop les soupçons formés contre lui [13]. Pour le dé-
crier davantage, on fit courir le bruit que, pendant la guerre
contre les Parthes, il choisirait Ilium ou Alexandrie pour
capitale de son royaume [14] ; on disait même qu'après le départ

---

[1]) App., *b. c.*, 4, 93.
[2]) Vell., 2, 68.
[3]) Dio C., 44, 10. 46, 49. Suet., *Cæs.*, 79. App., *b. c.*, 2, 108. 122. 138.
4, 93. Nic. Dam., *Vit. Aug.*, 20. Cf. Plut., *Cæs.*, 60. 61. *Ant.*, 12. Zon.,
10, 11. Liv., *ep.*, 116. Obseq., 70. Vell., 2, 68. Cic., *Phil.*, 13; 15, 31.
[4]) Val. Max., 5, 7, 2.
[5]) Nic. Dam., *Vit. Aug.*, 20.
[6]) Dio C., 44, 8. Dans cette fête, César porte encore le titre de *dictator
quartum* : I. L. A., p. 461.
[7]) Certainement avant cette fête : Cic., *Phil.*, 2, 34, 87. Dio C., 46, 17.
Flor., 4, 2, 91.
[8]) Cf. App., *b. c.*, 2, 106. Plut., *Cæs.*, 57. Zon., 10, 11. Liv., *ep.*, 116.
Suet., *Cæs.*, 76. Jos., *Ant. jud.*, 14, 10, 7. Aur. vict., *Vir. ill.*, 78. Schol.
Ambros., p. 371.
[9]) Jos., *Ant. jud.*, 14, 10, 10 ; Cf. avec 14, 10, 7.
[10]) César commençait à s'apercevoir que sa popularité baissait : App., *b. c.*,
2, 109. Plut., *Cæs.*, 60.
[11]) App., *b. c.*, 2, 111.
[12]) Plut., *Cæs.*, 57.
[13]) Dio C., 44, 8.
[14]) Suet., *Cæs.*, 79. Nic. Dam., *Vit. Aug.*, 20.

de César, C. Helvius Cinna ferait voter une loi qui permettrait à César d'épouser Cléopâtre ; on donnait même le texte de la loi préparée par César lui-même : *ut Cæsari uxores liberorum quærendorum causa quas et quot vellet ducere liceret* [1].

La conduite de César aux Lupercales du 15 février justifia la défiance provoquée par les derniers incidents. Le consul Antoine, qui conduisait les nouveaux luperques juliens, s'arrêta devant César, qui trônait sur les rostres en costume royal devant la Regia, et lui présenta un diadème. César le repoussa à plusieurs reprises, après avoir compris que le peuple applaudissait davantage quand il le repoussait que quand Antoine l'approchait de sa tête. César aurait agi autrement si le peuple avait témoigné d'autres sentiments ; il fit enregistrer l'offre qui lui avait été faite pour s'en servir à l'occasion : en effet, nous lisons dans les *Fastes* ce passage, dicté par César : « César n'a pas voulu accepter le diadème royal offert par le consul au nom du peuple romain [2]. » Le mécontentement du peuple fut au comble ; aux élections consulaires pour 43, les deux tribuns expulsés eurent des voix [3] ; sur la statue de L. Junius Brutus au Capitole, on trouva l'inscription : *Utinam viveres* ; sur le tribunal de son homonyme, M. Junius Brutus, le préteur urbain, on traça des inscriptions pour l'inviter directement ou indirectement à faire périr le tyran [4].

M. Junius Brutus avait pris le nom de Q. (Servilius) Cæpio Brutus [5] au moment où il avait été adopté par son oncle ; il était le fils de Servilia, mariée en secondes noces [6] avec D. Julius Silanus, le consul de 62 ; Servilia avait eu des rela-

---

[1] Suet., *Cæs.*, 52. Cf. Dio C., 44, 7. Laberius, v. 64 (Ribb.).

[2] Dio C., 44, 11. 45, 30 et seq. 41. 46, 5. 17. 19. Nic. Dam., *Vit. Aug.*, 21. App., *b. c.*, 2, 109. Plut., *Cæs.*, 61. *Ant.*, 12. Cic., *Phil.*, 2, 34. 3, 5, 12. 5, 14, 38. 10, 3, 7. 13, 8, 17. 13, 15, 31. 13, 19, 41. Quint., 9, 3, 61. Liv., *ep.*, 116. Suet., *Cæs.*, 79. Vell., 2, 56. Flor. 4, 2, 91. Aur. vict., *Vir. ill.*, 85. Cassiod., *a* 710 p. 626 (Mommsen).

[3] Dio C., 14, 11. Suet., *Cæs.*, 80.

[4] Dio C., 44, 11. App., *b. c.*, 2, 112. Plut., *Cæs.*, 62. *Brut.*, 9. Zon., 10, 11. Suet., *Cæs.*, 80.

[5] Cic., *Phil.*, 10, 11, 24. *Fam.*, 7, 21. *Att.*, 2, 24, 2 et seq.

[6] Cic., *Brut.*, 68, 240.

tions avec César après 63 [1], mais Brutus ne pouvait être le fils de César, qui avait seulement quinze ans de plus que lui [2] ; il était le fils de M. Brutus, mis à mort par ordre de Pompée en 77 [3]. Brutus s'était d'abord rallié au parti de son oncle Caton [4] ; en 59, on l'avait accusé d'avoir pris part à la prétendue conspiration de L. Vettius [5] ; en 58, il avait accompagné Caton dans l'île de Chypre [6] ; en 52, après avoir pris part aux procès qui furent provoqués par la loi de Pompée sur la brigue [7], il avait passé en Cilicie comme questeur d'Appius Claudius [8]. En 50, il avait défendu ce dernier, qui était son beau-père, dans son procès de lèse-majesté ; au début de la guerre civile, il se montra homme de principes, oublia ses ressentiments personnels, et s'attacha au parti de Pompée, qui avait fait périr son père [9]. César lui pardonna après Pharsale [10] ; il suivit César en Asie [11] et reçut en 46 le gouvernement de la Cisalpine. Brutus était un orateur en vue [12] et un des principaux philosophes de l'Académie [13] ; il avait cependant de grands défauts, il était avare ; Cicéron nous a fait connaître ses trafics d'argent et ses opérations usuraires [14]. En 45, il avait voulu épouser la fille de Caton, Porcia [15], et avait répudié Claudia [16]. Il avait encore donné une

---

[1]) Suet., *Cæs.*, 50. Plut., *Cat. min.*, 24. *Brut.*, 5. Macrob., *Sat.* 2, 2, 5.

[2]) App., *b. c.*, 2, 112. Plut., *Brut.*, 5.

[3]) Plut., *Pomp.*, 16. Voir plus haut, p. 193.

[4]) Plut., *Brut.*, 2. Aur. Vict., *Vir. ill.*, 82.

[5]) Cic., *Att.*, 2, 24, 2 et seq.

[6]) Plut., *Brut.*, 3.

[7]) Cic., *Brut.*, 94, 324. Cf. Ascon., p. 42. Quint., 3, 6, 93, 10, 1, 23.

[8]) Aur. Vict., *Vir. ill.*, 82.

[9]) Plut., *Brut.*, 4. *Pomp.*, 64. Cf. Cic., *Att.*, 11, 4, 2.

[10]) Plut., *Brut.*, 5. 6. *Cæs.*, 46. 62. App., *b. c.*, 2, 111. 112. Dio C., 41, 63. Vell., 2, 52.

[11]) Cic., *Att.*, 14, 1, 2. *Brut.*, 3, 11. 5, 21. Tac., *dial.*, 21. Plut., *Brut.*, 6.

[12]) Cic., *Brut.*, 6, 22. 64, 230. 94, 324. 97, 331. *Orat.*, 1, 1. 10, 33.

[13]) Plut., *Brut.*, 2. Cic., *Brut.*, 31, 120. *fin.*, 1, 1. *nat. deor.*, 1, 1 *Tuscul.*, 1, 1. Sen., *cons. ad Helv.*, 9, 4. *ep.*, 95, 45. Quint., 10, 1, 123. Tac., *Dial.*, 21.

[14]) Voir plus haut, p. 451.

[15]) Plut., *Brut.*, 13. *Cat. min.*, 73. Dio C., 44, 13. Val. Max, 3, 2, 15. Cf. Cic., *Att.*, 13, 37, 3. 13, 48, 2.

[16]) Cic., *Att.*, 13, 9, 2. 13, 10, 3. 13, 22, 4.

autre preuve de son attachement à l'ancien parti de Pompée :
il avait composé un éloge de Caton [1].

Ce ne fut pas lui, cependant, mais son collègue et beau-
frère C. Cassius Longinus, qui eut l'idée première de la conjuration ; mais tous ceux à qui Cassius communiqua son
projet déclarèrent qu'ils accepteraient de prendre part à la
conjuration dans le cas seulement où Brutus voudrait en être
le chef [2]. Questeur de M. Crassus, Cassius avait gouverné la
Syrie après la mort de ce dernier et repoussé les Parthes ;
en 49, il avait été élu tribun du peuple avec son frère Quintus ; il s'était séparé de lui au moment de la guerre civile, et
avait quitté Rome pour suivre Pompée [3] ; il avait même commandé dans la suite une partie de la flotte de Pompée [4]. Après
Pharsale, il avait abandonné les Pompéiens à Patræ [5], et
était allé offrir ses services à César au moment où ce dernier
franchissait l'Hellespont pour passer en Asie [6]. César en avait
fait son lieutenant [7], et lui avait très probablement donné le
gouvernement de la Macédoine pour 45 (voir plus haut,
page 511). Ce qui le décida à conspirer, ce ne fut pas pré-
cisément l'amour de la liberté ni la haine de la dictature anti-
républicaine de César [8], ce fut plutôt la jalousie qui provo-
qua chez lui une haine personnelle du dictateur [9] ; voilà pourquoi au Sénat il avait déjà voté contre les honneurs extraordinaires accordés à César [10], et pourquoi aussi il conçut l'idée
d'une conspiration.

Le complot était déjà formé avant le 1er mars [11] ; à ce moment se répandit dans Rome un bruit qui décida les con-

---

[1]) Cic., *Att.*, 12, 21, 1. 13, 46, 2.
[2]) Plut., *Brut.*, 10.
[3]) Cic., *Att.*, 7, 21, 2. 7, 23, 1. 7, 24. 25.
[4]) Cæs., *B. C.*, 3, 5. 101. Dio C., 42, 12.
[5]) Dio C., 42, 13. App., *b. c.*, 2, 87. Cic., *Att.*, 11, 13, 1. 11, 15, 2.
Fam., 15, 15, 1.
[6]) App., *b. c.*, 2, 88. 111. Dio C., 42, 6. 13. Suet., *Cæs.*, 63.
[7]) Cic., *Fam.*, 6, 6, 10. Cf. 15, 15, 2. Dio C., 42, 13. Aur. Vict., *Vir.
ill.*, 83.
[8]) Plut., *Brut.*, 9. Val. Max., 3, 1, 3.
[9]) App., *b. c.*, 2, 112. Plut., *Brut.*, 7 et seq. *Cæs.*, 62. Vell., 2, 56.
[10]) Dio C., 44, 8. Cf. Nic. Dam., *Vit. Aug.*, 21.
[11]) Plut., *Brut.*, 10.

jurés à exécuter ce qu'ils avaient projeté : d'après une révélation des livres sibyllins, les Parthes ne pourraient être vaincus que par un roi ; L. Aurelius Cotta[1] devait présenter au Sénat une proposition en vertu de laquelle César continuerait à porter le titre d'imperator et de dictateur pour les citoyens romains, mais pour les provinces et les États étrangers il serait roi[2]. Nous ne pouvons pas dire jusqu'à quel point cette nouvelle était vraie ou fausse. Tout était prêt pour l'expédition contre les Parthes : seize légions et dix mille cavaliers[3] attendaient l'ordre du départ sous le commandement de P. Vatinius en Illyrie[4], de M. Acilius Glabrio en Grèce[5], et de Q. Hortensius Hortalus en Macédoine. César avait fixé son départ au 18 mars, le lendemain du jour anniversaire de la victoire de Munda[6]. Les conjurés résolurent alors de l'assassiner dans la séance du Sénat annoncée pour les ides de mars ; César devait y parler de l'élection de P. Cornelius Dolabella[7], et l'on s'attendait à voir présenter la proposition de Cotta, dont nous venons de parler[8]. Les conjurés étaient plus de soixante[9] ; les principaux appartenaient à l'ancien parti de Pompée : Q. Ligarius[10], L. Pontius Aquila, Cn. Domitius Ahenobarbus[11], et d'autres moins connus. On y trouvait aussi des césariens, comme D. Junius Brutus, qui avait vécu dans l'intimité de César[12] et devait prendre le gouvernement de la Cisalpine, l'ancien consul C. Trebonius[13],

---

[1]) Cf. Cic., *Att.*, 13, 44, 1. Cotta avait été préteur en 70, consul en 65, censeur en 63.

[2]) Suet., *Cæs.*, 79. Cic., *de div.*, 2, 54, 110. Dio C., 44, 15. App., *b. c.*, 2, 110. Plut., *Cæs.*, 60. 64. Zon., 10, 11.

[3]) App., *b. c.*, 2, 110.

[4]) App., *Illyr.*, 13.

[5]) Cic., *Fam.*, 7, 30, 3.

[6]) App., *b. c.*, 2, 111. 114. Cf. Flor., 4, 2, 94.

[7]) Cic., *Phil.*, 2, 35, 88.

[8]) Plut., *Cæs.*, 64, Zon., 10, 11.

[9]) App., *b. c.*, 2, 113. Plut., *Brut.*, 12. Liv., *ep.*, 116. Vell., 2, 56. Dio C., 44, 14. Nic. Dam., *Vit. Aug.*, 19. 24. Eutr., 6, 25. Oros., 6, 17. Cf. Cic., *Phil.*, 2, 11.

[10]) Cf. Plut., *Brut.*, 11.

[11]) Cic., *Phil.*, 2, 11, 27.

[12]) Plut., *Ant.*, 11. Suet., *Cæs.*, 83. App., *b. c.*, 2, 146.

[13]) Il devait avoir le gouvernement de la province d'Asie.

Ser. Sulpicius Galba, brouillé avec César depuis 50 [1] ; P. Servilius Casca [2], avec son frère Gajus, L. Tillius Cimber [3] et L. Minucius Basilus [4]. M. Favonius [5] avait refusé d'en faire partie ; on avait laissé Cicéron de côté [6] ; sur le conseil de C. Trébonius, on avait renoncé à gagner Antoine [7]. Quelques-uns des conjurés voulaient aussi faire périr le consul Antoine et le maître de la cavalerie, M. Æmilius Lepidus ; sur le conseil de Brutus, on y renonça [8].

César découvrit des preuves de la conspiration, il n'y prêta aucune attention [9], bien qu'il soupçonnât vaguement Brutus et Cassius [10]. Le 15 mars, César fut sur le point', les auspices n'étant pas favorables, de prétexter une maladie pour ne pas se rendre au Sénat et faire ajourner la séance, mais D. Brutus, en qui il avait la plus grande confiance, l'engagea à s'y rendre [11]. A cause des combats de gladiateurs que donnait Brutus [12], la séance eut lieu dans la curie de Pompée [13]. Dès son entrée au Sénat, pendant que Trebonius retenait Antoine dehors [14], César fut poignardé aux pieds de la statue de Pompée [15].

[1]) Val. Max., 6, 2, 11. Cic., Fam., 6, 18, 3. *Phil*, 13, 16, 33. Suet., *Galb.*, 3. On doit plutôt le rattacher au parti pompéien.

[2]) Cf. Nic. Dam., *Vit. Aug.*, 21. Il était tribun désigné pour 43 (Dio C., 44, 52. 46, 49. Cic., *Phil.*, 13, 15, 31).

[3]) Cf. Sen., *de ira*, 3, 30. *ep.*, 83, 12.

[4]) App., *b. c.*, 3, 98.

[5]) M. Favonius avait été un des plus ardents partisans de Pompée (Cæs., *b. c.*, 3, 57. Cic., *Att.*, 7, 15, 2) ; il s'était enfui avec lui de Larisse (Plut., *Pomp.*, 73). Plus tard, César lui avait cependant pardonné.

[6]) Plut., *Brut.*, 12.

[7]) Plut., *Ant.*, 13.

[8]) Dio C., 44, 19. Plut., *Ant.*, 13. *Brut.*, 19. App., *b. c.*, 2, 114. 3, 33. Nic. Dam., *Vit. Aug.*, 25. Vell., 2, 58. Cf. Cic., *Att.*, 14, 21, 3.

[9]) Dio C., 44, 15. 18. Cf. Suet., *Cæs.*, 75. 86. Vell., 2, 57.

[10]) Plut., *Brut.*, 8. *Cæs.*, 62.

[11]) Suet., *Cæs.*, 81. Val. Max., 8, 11, 2. 1, 7, 2. Dio C., 44, 17. Plut., *Cæs.*, 63. *Brut.*, 15. App., *b. c.*, 2, 115. 149. Nic. Dam., *Vit. Aug.*, 23. Zon., 10, 11.

[12]) Plut., *Brut.*, 12. App., *b. c.*, 2, 115. 122. Dio C., 44, 16. Nic. Dam., *Vit. Aug.*, 23. 25. 26.

[13]) Plut., *Cæs.*, 66. *Brut.*, 14. Cic., *de div.*, 2, 9, 23. Liv., *ep.*, 116. Suet., *Cæs.*, 80.

[14]) Cf. Cic., *Fam.*, 10, 28, 1. *Phil.*, 2, 14, 34. 13, 10, 22.

[15]) Dio C., 44, 19. App., *b. c.*, 2, 116 et seq. Plut., *Cæs.*, 63. *Brut.*,

La veille, dans un festin donné par Lepidus, César avait gaiement déclaré que la mort la plus courte est la meilleure [1].

17. Nic. Dam., *Vit. Aug.*, 24. Zon., 10, 11. Liv., *ep.*, 116. Obseq., 67. Vell., 2, 56. Val. Max., 4, 5, 6. Suet., *Cæs.*, 82. Flor., 4, 2, 94. Eutr., 6, 25. Oros., 6, 17. Cassiodor., *a.*, 710, p. 626 (Mommsen). Ovid., *Fast.*, 3, 697.

[1] App., *b. c.*, 2, 115. Plut., *Cæs*, 63. Suet., *Cæs.*, 87.

CHAPITRE VINGT-QUATRIÈME

Les conjurés manquèrent complètement leur but : ils ne purent assurer le rétablissement de la constitution républicaine. On avait vu dans les États grecs, quand ces derniers possédaient la vigueur et le ressort des États jeunes, on avait vu la liberté succéder aux règnes des tyrans. Mais à Rome, la société, affaiblie par la corruption, n'offrait plus de ressources ; l'assassinat de César allait être suivi de nouvelles convulsions sociales qui assureraient d'une manière définitive l'avènement de la monarchie militaire [1].

En refusant de laisser égorger Antoine et de faire disparaître en même temps les deux consuls, Brutus s'était mis dans l'impossibilité de prendre la direction de l'État en qualité de préteur urbain. Il espérait que l'on annulerait aussitôt tous les actes de la tyrannie [2], mais était bien naïf [3] de compter pour cela sur le loyal concours d'Antoine [4]. Après le meurtre, les sénateurs s'enfuirent effrayés de la curie ; les conjurés s'adressèrent au peuple sur le forum, mais le peuple parut n'attacher aucune importance à la liberté reconquise. L'armée se trouvait aux portes de Rome [5], sous les ordres de Lépide ; la ville était remplie de vétérans de César [6] qui attendaient leurs assignations de terres dans les nouvelles colonies ; dès le 15 mars, les conjurés ne se trouvèrent plus en sûreté dans

---

[1] Dio C., 44, 1 et seq. Cf. App., *b. c.*, 2, 120. Flor., 4, 3, 1.
[2] Cf. Suet., *Cæs.*, 82. Vell., 2, 58.
[3] Cic., *Att.*, 14, 21, 3. 15, 4, 2.
[4] Plut., *Brut.*, 18. Cic., *Phil.*, 2, 35, 89.
[5] App., *b. c.*, 2, 118. 119. Dio C., 44, 34.
[6] App., *b. c.*, 2, 119. 120. 125. 133. Flor., 4, 7, 2. Cf. Nic. Dam., *Vit. Aug.*, 17. 27.

Rome ; protégés par les gladiateurs de D. Brutus, ils se réfugièrent au Capitole sous prétexte de rendre grâce aux dieux de l'heureux succès de leur entreprise[1]. Cicéron leur conseilla d'y convoquer le sénat, ils n'osèrent pas[2]. Ils songeaient à s'adresser à Antoine pour l'inviter à relever avec eux la République supprimée par César[3].

Antoine s'était d'abord caché dans sa maison[4] ; quand il fut maître du trésor, qui renfermait sept cent millions de sesterces[5], quand Calpurnia lui eut remis la fortune personnelle de César (cent millions de sesterces) et ses écrits (*commentarii, chirographa*)[6], Antoine retrouva ses esprits pour se tracer un plan de conduite. Il ne pouvait songer à employer la force : l'armée était sous les ordres de Lépide, parent du conjuré M. Brutus ; Lépide pouvait devenir son rival[7], et enfin, en supposant que Lépide voulût bien s'unir avec lui, Antoine n'était pas sûr de vaincre : D. Brutus était gouverneur de la Cisalpine, et les conjurés pouvaient se retirer dans cette province[8]. Antoine résolut donc de différer la guerre contre les conjurés[9] ; il s'entendit avec Lépide[10], et résolut de perdre les conjurés par la ruse et de fortifier petit à petit sa situation dans l'État.

Le 16 mars, P. Cornelius Dolabella prit parti pour les conjurés[11] ; bien qu'il ne fût pas encore élu consul, il prit publi-

---

[1] Dio C., 44, 20 et seq. App., *b. c.*, 2, 118 et seq., 3, 15. 34. Plut., *Cæs.*, 67. *Brut.*, 18. Nic. Dam., *Vit. Aug.*, 17. 25 et seq. Liv., *ep.*, 116. Vell., 2. 58. Suet., *Cæs.*, 82. Flor., 4, 7, 1 et seq. Oros., 6, 17. Cf. Cic., *Att.*, 14, 14, 2. *Phil.*, 2, 12, 28. Dio C., 46, 22.

[2] Cic., *Att.*, 14, 10, 1. Cf. 15, 11, 2.

[3] Cic., *Phil.*, 2, 35, 89.

[4] Dio C., 44, 22. App., *b. c.*, 2, 118. Plut., *Cæs.*, 67. *Ant.*, 14. *Brut.*, 18. Cic., *Phil.*, 2, 35, 88.

[5] App., *b. c.*, 3, 20. 52-54. Cic., *Att.*, 14, 14, 5. *Phil.*, 2, 37, 93. Vell., 2, 60. Cf. Cic., *Phil.*, 1, 7, 17. 2, 14, 35. 5, 4, 11. 8, 9, 26. 12, 5, 12 13, 5, 12.

[6] App., *b. c.*, 2, 125. 3, 17. 20. Plut., *Ant.*, 15. Cic., 43. Dio C., 46, 23.

[7] Dio C., 44, 34. Cf. App., *b. c.*, 2, 131.

[8] App., *b. c.*, 2, 124.

[9] Nic. Dam., 17. 27. Cf. App., *b. c.*, 3, 34 et seq.

[10] App., *b. c.*, 2, 118.

[11] Dio C., 44, 22. App., *b. c.*, 2, 122, erreur 119.

quement les insignes consulaires[1] ; les conjurés descendirent alors du Capitole, distribuèrent de l'argent au peuple et cherchèrent à l'entraîner[2]. N'obtenant pas de résultat, ils députèrent quelques-uns d'entre eux auprès d'Antoine pour s'entendre avec lui[3]. Antoine répondit avec loyauté qu'il s'en rapporterait à la décision du sénat[4] et convoqua immédiatement l'assemblée pour le 17 mars[5], dans le temple de Tellus[6].

On demanda que César fût traité en tyran et que les assassins fussent récompensés comme ayant rendu service à l'État ; Antoine empêcha le vote d'une pareille résolution, en prouvant qu'elle aurait pour conséquence l'annulation de tous les actes de César ; par conséquent, tous ceux qui avaient été nommés par lui ou par son entremise, magistrats, gouverneurs de provinces devraient renoncer immédiatement à leurs fonctions et se soumettre à une nouvelle élection[7]. Contrairement à la demande des conjurés, il fut décidé que les actes publics (*acta Cæsaris*) de César seraient confirmés ; ainsi on éviterait des troubles, on respecterait les intérêts d'un grand nombre de personnes à Rome et dans les provinces, dont la situation se serait trouvée compromise[8], si l'on avait voté la proposition. Dès lors, les conjurés ne pouvaient plus prétendre à une récompense[9], on ne pouvait plus faire autre chose pour eux que de les amnistier ; Cicéron parla dans ce sens[10] ; les politiques à courte vue croyaient que, par ce moyen, on assurerait la concorde et la paix parmi les citoyens[11]. Pour répondre au désir des vétérans, on décida que

[1]) Vell., 2, 58.
[2]) App., *b. c.*, 2, 120 et seq. Plut., *Cæs.*, 67. *Brut.*, 18. Nic. Dam. 26.
[3]) App., *b. c.*, 2, 123. Nic. Dam., 27.
[4]) App., *b. c.*, 2, 124.
[5]) Cic., *Phil.*, 2, 35, 89. *Att.*, 14, 10, 1. 14, 14, 2.
[6]) Dio C., 44, 22. App., *b. c.*, 2, 126.
[7]) App., *b. c.*, 2, 127-129.
[8]) App., *b. c.*, 2, 133. Cf. Cic., *Att.*, 14, 10, 2.
[9]) Suet. *Tib.*, 4.
[10]) Cic., *Phil.*, 1, 1, 1. Dio C., 44, 23-33. 45, 23. 46, 28. Plut., *Cic.*, 42. *Brut.*, 19. Cf. App., *b. c.*, 2, 142.
[11]) Dio C., 44, 34. App., *b. c.*, 2, 135. 3, 13. 15. 18. 22. 34. 4, 57. 94. Plut., *Cæs.* 67. *Ant.*. 14. Liv., *ep.*, 116. Vell., 2, 58. Flor., 4, 7, 4. Cic., *Phil.*, 2, 39, 100. *Att.*, 15, 4, 3. 16, 14, 1. *Fam.*, 12, 1, 2.

les colonies en voie de formation seraient établies [1] ; le testament de César fut aussi déclaré valable ; on vota enfin qu'il serait fait au dictateur des funérailles publiques [2].

Pendant la séance, Antoine et Lépide avaient dû quitter le sénat pour venir haranguer le peuple [3], qui s'ameutait autour de l'assemblée. Les uns prenaient parti pour les conjurés, les autres leur étaient hostiles. De son côté, M. Brutus avait réuni une assemblée sur le Capitole : il avait affirmé qu'il était disposé à respecter ceux des actes de César qui concernaient les vétérans et les colonies. Non seulement les vétérans recevraient les terres qui leur avaient été promises, mais on accorderait des indemnités aux propriétaires, afin de garantir aux vétérans les terres qui leur seraient données en partage [4]. Les conjurés ne furent guère rassurés par le décret d'amnistie ; ils ne consentirent à descendre du Capitole qu'après avoir reçu comme otages les fils d'Antoine et de Lépide. Le même jour, le peuple fut témoin d'une réconciliation publique : ils la scellèrent dans de grands festins donnés par Antoine et par Lépide [5].

De la part d'Antoine, la réconciliation était loin d'être sincère. Un des jours suivants on ouvrit le testament de César chez lui [6]. César léguait au peuple romain son jardin situé sur le Tibre ; à la plèbe (c'est-à-dire à ceux qui avaient part aux distributions de blé), il faisait don de trois cents sesterces par personne [7]. Quand elle connut ces dispositions, l'opinion se montra, à la grande satisfaction d'Antoine, de plus en plus hostile aux conjurés. Au moment des funérailles publiques,

---

[1] App., *b. c.*, 2, 135. Cf. Cic., *Phil.*, 1, 2, 6.

[2] App., *b. c.*, 2, 135 et seq. Cf. Plut., *Brut.*, 20. Vell., 2, 58.

[3] App., *b. c.*, 2, 130-132.

[4] Dio C., 44, 34. App., *b. c.*, 2, 137-141. Cf. Cic., *Att.*, 15, 1 *b*, 2. 15, 3, 2. 15. 4, 3. Peut-être aussi : 14, 11, 1. 15, 20, 1.

[5] Dio C., 44, 34. App., *b. c.*, 2, 142. 3, 15. 4, 57. Plut., *Ant.*, 14. *Brut.*, 19. Nic. Dam., *Vit. Aug.*, 17. Liv., *ep.*, 116. Cic., *Phil.*, 1, 1, 2. 1, 13, 31 et seq.

[6] Suet., *Cæs.*, 83. Vell., 2, 59. Cf. Liv., *ep.*, 116.

[7] Mon. Ancyr., 3, 7. Suet., *Cæs.*, 83. Tac., *Ann.*, 2, 41. Dio C., 44, 35. App., *b. c.*, 2, 143. 3, 15. Plut., *Cæs.*, 68. *Brut.*, 20. Nic. Dam., 17.

Antoine excita encore davantage les sentiments populaires[1]
en prononçant l'éloge du dictateur. On brûla le corps de
César sur le forum[2], bien que le bûcher eût été dressé sur le
Champ de Mars ; le peuple alluma des torches et se précipita
sur les maisons des assassins et des sénateurs[3] qui les avaient
approuvés ; en route le peuple mit en pièces le tribun C. Helvius Cinna, partisan dévoué de César, que l'on prit pour le
préteur L. Cornelius Cinna[4] ; ce dernier avait, à plusieurs
reprises[5], irrité le peuple par sa partialité envers les assassins[6]. A ce sujet le tribun C. Casca publia un édit pour inviter le peuple à ne pas le confondre[7] avec l'assassin de César
P. Servilius Casca, dont il portait le nom, mais ne partageait
nullement les sentiments. Venant d'un tribun, une pareille
appréciation était caractéristique : c'était une vraie condam-
nation de l'acte commis par les conjurés.

Les obsèques de César avaient produit un excellent résultat
pour le parti d'Antoine ; il ne se crut cependant pas encore
assez fort pour agir contre les meurtriers et leur parti. Avant
la cérémonie[8], il avait laissé passer un certain nombre de
sénatus-consultes, afin de donner une preuve de sa soumission aux volontés du sénat. Plusieurs de ces décrets favori-
saient le parti républicain[9] ; ainsi celui qui confirmait les dispositions prises par César au sujet des provinces pour 44[10] et
pour 43[11]. Les républicains pourraient réclamer les gouver-

---

[1] App., *b. c.*, 2, 143-147. 3, 15, 35. Dio C., 44, 35-49. Plut., *Ant.*, 14.
Brut., 20. Suet., *Cæs.*, 84. Cic., *Att.*, 14, 10, 1. 14, 14, 3. *Phil.*, 2, 36,
90 et seq.

[2] Dio C., 44, 50. 45, 33. App., *b. c.*, 2, 147. Plut., *Cæs.*, 68. *Brut.*, 20.
Nic. Dam., 17. Cic., *Att.*, 14, 10, 1. *Phil.*, 2, 36, 90. Liv., *ep.*, 116. Suet.,
Cæs., 84. Tac., *Ann.*, 1, 8. Oros., 6, 17.

[3] Cf. Cic., *Att.*, 14, 10, 2. *Phil.*, 2, 36, 91.

[4] Cf. Nic. Dam., 22.

[5] App., *b. c.*, 2, 121. 126. 137. Plut., *Brut.*, 18. Suet., *Cæs.*, 85.

[6] Dio C., 44, 50. 46, 49. App., *b. c.*, 2, 147. 3, 2. 15. 4, 57. Plut., *Cæs.*,
68. Cic., 42. *Brut.*, 20. Suet., *Cæs.*, 85. Val. Max., 9, 9, 1.

[7] Dio C., 44, 52.

[8] Cic., *Phil.*, 1, 13, 32. 2, 36, 91.

[9] Cic., *Phil.*, 1, 1, 2. 3, 12, 30.

[10] Suet., *Aug.*, 10.

[11] Plut., *Cæs.*, 67. Cic., 42. *Ant.*, 14. *Brut.*, 19. Cf. App., *b. c.*,
4, 132.

nements que César leur avait destinés : en 44, C. Trébonius aurait l'Asie ; L. Tillius Cimber, la Bithynie ; D. Brutus, la Gaule Cisalpine ; en 43, M. Brutus pourrait prendre possession de la Macédoine ; C. Cassius, de la Syrie [1]. Le sénat ne comprit pas qu'en agissant ainsi il créait un précédent, en vertu duquel Antoine pourrait réclamer l'exécution de dispositions que l'on pourrait trouver dans les papiers de César, dont il était le légataire [2].

Après les funérailles [3], Antoine fit savoir au sénat que les papiers de César contenaient d'autres dispositions que celles concernant les provinces ; il prétendit que César l'avait chargé de les mettre à exécution pendant son absence [4] : il demanda donc au sénat de l'autoriser à le faire en confirmant ces derniers actes de César ; il n'abuserait pas de ses pouvoirs et s'empressa de donner quelques renseignements aux sénateurs qui lui posèrent des questions sur les projets énumérés dans les papiers du dictateur [5]. Le sénat approuva l'élection des consuls et des tribuns désignés pour 43, aussi les nominations de tribuns et de consuls pour 42 dont on avait trouvé les noms dans les papiers de César [6] : ainsi la désignation de A. Hirtius et de C. Vibius Pansa pour le consulat de 43 fut confirmée [7], et aussi celle de L. Munatius Plancus et de D. Brutus pour 42 [8] ; nous savons que P. Servilius Casca fut maintenu comme tribun désigné de 43 [9] ; Tullus Hostilius, Insteius et L. Clodius furent désignés pour le tribunat de 42 [10].

---

[1] App., *b. c.*, 3, 2. 24. 35. 57. Flor., 4, 7, 4. Suet., *Aug.*, 10. Cf. Cic., *Att.*, 15, 13, 4. Il y a erreur dans Nic. Dam., *Vit. Aug.*, 28. Plut., *Brut.*, 19, n'est pas bien précis. Cf. Cic., *Phil.*, 2, 38, 97.

[2] Cic., *Phil.*, 1, 1, 2.

[3] Cic., *Phil.*, 2, 36, 91.

[4] App., *b. c.*, 3, 5.

[5] Cic., *Phil.*, 1, 1, 2 et seq., 2, 36, 91.

[6] Cic., *Att.*, 14, 6, 2. Cf. 14, 9, 2.

[7] Cic., *Att.*, 14, 9, 2. 14, 12, 2.

[8] Cic., *Fam.*, 10, 1, 1. 10, 3, 3. 10, 8. 10, 24. *Phil.*, 3, 15, 38. 13, 7, 16. Vell., 2, 58. Dio C., 44, 14. 46, 53. Nic. Dam., *Vit. Aug.*, 22. 28.

[9] Cic., *Att.*, 16, 15, 3. *Phil.*, 13, 15, 31.

[10] Cic., *Phil.*, 13, 12, 26. 12, 8, 20. *ad Brut.*, 1, 1, 1. Cf. App., *b. c.*, 4, 132.

Il semble résulter de ce qui s'est passé pour le sénatus-consulte sur les Juifs (*de judæis*) qu'Antoine fut obligé de faire
ratifier tous les actes un à un devant le sénat ; en effet, le
sénatus-consulte *de judæis*, voté le 9 février, en présence de
César, n'avait pas encore été placé dans le Trésor ; nous
voyons Dolabella et Antoine le représenter au sénat le 11
avril, et en demander la confirmation [1]. Le sénat décida encore
sur la proposition de Ser. Sulpicius Rufus : *ne qua post Idus
Martias immunitatis tabula neve cujus beneficii figeretur* [2].
Le sénat déclara donc qu'il n'approuverait pas les exemptions
d'impôts ni les faveurs promises par César.

Antoine comprit que pour arriver à faire des papiers de
César un usage plus arbitraire, il fallait avant tout gagner le
sénat et le disposer en sa faveur. Voilà pourquoi il proposa
en mars ou dans les premiers jours d'avril [3], une loi sur la
suppression de la dictature : *lex Antonia de dictatura in per-
petuum tollenda* ; il y joignit un projet de sénatus-consulte
rédigé d'avance. Le sénat l'accepta avec enthousiasme sans
discussion et vota des remerciements à Antoine pour sa proposition [4]. La loi présentée par Antoine et par Dolabella [5] fut
ensuite confirmée par le peuple [6], probablement le 24 avril :
elle menaçait de la peine capitale et de la confiscation des
biens (*consecratio capitis et bonorum*) celui qui proposerait
l'établissement d'une dictature et celui qui accepterait le titre
de dictateur [7] ; c'était donc une loi sacrée, *lex sacrata*, qui
condamnait d'une manière formelle l'œuvre de César [8]. En
même temps Antoine déposa une proposition concernant

---

[1]) Jos., *Ant. jud.*, 14, 10, 10. Cf. 14, 10, 6. 7.

[2]) Cic., *Phil.*, 2, 36, 91. 1, 1, 3. Dio C., 44, 53, 4. 45, 23. Antoine ne fit
aucune opposition.

[3]) Elle fut présentée avant que Cicéron quittât Rome, par conséquent avant
e 7 avril : Cic., *Att.*, 14, 1 et seq. App., *b. c.*, 3, 25. 37 place cette loi
beaucoup trop tard.

[4]) Cic., *Phil.*, 1, 1, 3.

[5]) Dio C., 44, 51. Cic., *Phil.*, 1, 2, 5.

[6]) Cic., *Phil.*, 5, 4, 10. Liv., *ep.*, 116.

[7]) Dio C., 44, 51. 45, 32. App., *b. c.*, 3, 25. 37. 57. 4, 2. Zon.,
10, 12.

[8]) Cic., *Phil.*, 1, 2, 4. 1, 13, 32. 2, 36, 91. 2, 45, 115. Dio C., 45, 24.
46, 24.

Sex. Pompée, qui était une attaque directe contre le parti de Brutus et de Cassius[1]. Après Munda, Sex. Pompée s'était caché jusqu'au jour où César avait quitté l'Espagne ; puis il avait réuni des troupes et lutté avec succès contre C. Albius Carrinas, gouverneur de l'Ultérieure, et contre son successeur, C. Asinius Pollio[2]. En 47, au moment des confiscations, Antoine avait acheté la maison de Cn. Pompée ; il avait donc des raisons personnelles de ne pas laisser rendre à Sex. Pompée ses droits civils : il demanda cependant au sénat de donner des pouvoirs complets pour traiter avec Sex. Pompée à Lépide qui était sur le point de se rendre dans la Gaule narbonnaise et l'Espagne citérieure[3].

Antoine croyait avoir réussi à se faire considérer comme un personnage politique tout à fait inoffensif[4] ; il reparla encore au sénat des papiers de César, mais n'obtint pas tout ce qu'il désirait ; le sénat chargea les consuls assistés d'un conseil de prononcer, à partir du 1er juin, sur toutes les dispositions particulières contenues dans ces fameux papiers[5]. Le sénat avait le plus grand désir de ne pas intervenir lui-même dans ces affaires ; mais, en prenant cette résolution, il fournissait aux consuls une base pour leurs opérations futures[6].

Les meurtriers de César avaient inutilement cherché à se procurer des ressources en contractant un emprunt auprès des chevaliers[7]. Antoine trouva bientôt un moyen de leur rendre insupportable le séjour de Rome. Il obtint ce résultat par un acte qui fut particulièrement approuvé des républicains, et qui paraissait favorable à Brutus et à Cassius ; à ce

---

[1]) Cf. App., *b. c.*, 2, 122.

[2]) Dio C., 45, 10. App.. *b. c.*, 2, 122. 3, 4. 4, 83 et seq. Vell., 2, 73. Cic., *Att.*, 14, 1, 2. 14, 4, 1. 14, 8, 2. 14, 13, 2. 14, 22, 2. 15, 13, 4. 15, 20, 3. 15, 21, 3. 15, 22. 16, 4, 2. *Fam.*, 11, 1, 4.

[3]) Cic., *Phil.*, 5, 15, 41. 5, 14, 39. 13, 4, 8. Cf. *Att.*, 15, 29, 1. 16, 1, 4. 16, 4, 1 et seq. Voir aussi Appien qni, comme pour la loi Antonia, anticipe sur les événements : *b. c.*, 3, 4. 12. 36. 57. 4, 84. 94.

[4]) Cic., *Att.*, 14, 3, 2. *Phil.*, 2, 36, 92.

[5]) Cic., *Phil.*, 2, 39, 100. *Att.*. 16, 16, 6. 8. 11. 12. 14. 18. Dio C., 44, 53, 4. 45, 23.

[6]) Cic., *Fam.*, 12, 1, 2.

[7]) Nep., *Att.*, 8.

moment du reste, Antoine avait des entrevues avec les deux
chefs du parti républicain[1]. Antoine fit arrêter et exécuter
sans jugement[2] un certain Herophilus ou C. Amatius, qui se
disait neveu de Marius et de Crassus ; alléguant sa prétendue
parenté avec le dictateur, il avait acquis une certaine popularité parmi les vétérans pendant la guerre d'Espagne[3] ; César
l'avait ensuite forcé de s'éloigner, mais depuis la mort de ce
dernier, il était revenu à Rome, avait élevé un autel à César sur
le forum ; il invitait les vétérans et le peuple à lui rendre les
honneurs divins, à punir ses meurtriers et provoquait des
désordres continuels[4]. Son exécution eut lieu quelques jours
après le vote du sénatus-consulte sur la suppression de la
dictature[5], probablement le 14 avril[6]. Elle ne fit qu'augmenter
la colère du peuple[7], et Antoine se garda bien de l'apaiser[8] ;
alors M. Brutus et Cassius, qui avaient déjà quitté Rome[9]
pour se mettre en sûreté[10], n'osèrent y rentrer[11] : ils n'avaient
pas réussi à se rendre populaires auprès des vétérans, bien
qu'ils eussent supprimé l'article de la loi Julia qui défendait
de vendre les lots de terre[12]. Après un échange de lettres avec
Antoine[13], ils expliquèrent dans un édit[14] les raisons pour
lesquelles ils ne voulaient pas rentrer dans la ville. En même
temps[15] ceux des conjurés qui devaient prendre le gouver-

---

[1]) Cic., *Att.*, 14, 6, 1. Cf. 14, 8, 1.
[2]) App., *b. c.*, 3, 2 et seq. 16. 36. 57. Dio C., 44, 51. Liv., *ep.*, 116.
[3]) Val. Max., 9, 15, 2. Nic. Dam., *Vit. Aug.*, 14. Cf. Cic., *Att.*, 12, 49, 1.
[4]) Cic., *Att.*, 14, 5, 1. 14, 6, 1. 14, 7, 1.
[5]) Cic., *Phil.*, 1, 2, 5.
[6]) Cf. Cic., *Att.*, 14, 8, 1.
[7]) Cic., *Phil.*, 1, 2, 5.
[8]) App., *b. c.*, 3, 3 et Dio C., 44, 51 anticipent sur la suite des faits.
[9]) Cic., *Att.*, 14, 7, 1.
[10]) Cic., *Att.*, 14, 5, 2. 14, 8, 2. 14, 12, 2. 14, 16, 2. 15, 20, 2. *Fam.*, 11, 1, 1.
[11]) Cic., *Att.*, 14, 10, 1. Plut., *Cic.*, 42. *Ant.*, 15. *Brut.*, 21. Dio C., 47, 20. Nic. Dam., *Vit. Aug.*, 17. App. en parle beaucoup trop tard : 3, 6. 35. 4, 57.
[12]) App., *b. c.*, 3, 2. 7.
[13]) Cic., *Att.*, 14, 15, 1.
[14]) Cic., *Att.*, 14, 20, 3 et seq. 15, 1a, 3. *Fam.*, 11, 2, 1.
[15]) Cic., *Att.*, 14, 10, 1.

nement d'une province en 44 s'éloignèrent aussi de Rome [1],
en particulier C. Trébonius [2] et L. Tillius Cimber. D. Brutus
resta quelques jours de plus [3] et négocia en vain avec Antoine
pour assurer la liberté des meurtriers; il proposa même
d'abandonner sa province si l'on voulait lui donner des
garanties sérieuses pour ses amis [4].

Antoine avait jeté le masque [5]; fatigué de négocier avec le
sénat pour faire confirmer les dernières dispositions de César,
il proposa, peu de temps après le départ de M. Brutus et de
C. Trébonius [6], une loi *de actis Cæsaris confirmandis* [7] qui
l'autorisait à approuver lui-même ces dispositions et à les
faire triompher en leur donnant force de loi. Cette loi fut pro-
posée avant le 22 avril [8]; on ne respecta même pas le délai
qui devait s'écouler entre la présentation et le vote [9]; elle
passa le 24 avril; Antoine se trouva alors seul [10] investi d'un
pouvoir supérieur à celui qu'avait eu César [11]. César avait
été dictateur, préfet des mœurs, imperator, le peuple lui
avait conféré certains pouvoirs extraordinaires, mais il
n'avait jamais eu le droit de gracier des condamnés, ni de se
passer du concours du sénat et du peuple. Or, en vertu des
pouvoirs conférés par la loi Antonia, Antoine convertit en
lois sous le nom de *leges juliæ* [12] des projets que César avait
présentés ou aurait pu présenter au peuple; des projets de
sénatus-consultes devinrent des sénatus-consultes définitifs [13].

[1]) App., *b. c.*, 3, 2. Dio C., 44, 51.
[2]) Cf. Cic., *Fam.*, 12, 16.
[3]) Cf. Cic., *Att.*, 14, 13, 2.
[4]) Cic., *Fam.*, 11, 1. Cf. *Att.*, 15, 11, 2.
[5]) Malgré ce que dit Cic., *Phil.*, 1, 2, 6. Cf. 2, 39, 100.
[6]) Cic., *Att.*, 14, 10, 1.
[7]) Cic., *Phil.*, 5, 4, 10. Cf. App., *b. c.*, 3, 5. 22. Dio C., 44, 53, 2. 45,
23. Cic., *Phil.*, 10, 8, 17. 13, 15, 31.
[8]) Cic., *Att.*, 14, 12, 1. 14, 10, 3.
[9]) Cic., *Phil.*, 5, 3, 8.
[10]) Cic., *Phil.*, 1, 7, 16. 1, 10, 24 *uno-auctore*. Cette fois Antoine ne s'était
pas adjoint Dolabella.
[11]) Cic., *Att.*, 14, 10, 1. *Phil.*, 1, 7, 17.
[12]) Cic., *Phil.*, 1, 9, 23. 3, 12, 30. Dio C., 44, 53. 45, 23. 25.
[13]) Cf. *Senatusconsultum de aphrodisiensibus*, C. I. Gr., n° 2737 (t. II,
p. 493).

On n'a pas fait assez attention jusqu'ici à cette loi Antonia qui explique si bien les usurpations de pouvoirs qu'Antoine a pu se permettre dans la suite ; elle annulait naturellement le sénatus-consulte sur les Actes de César, dont Antoine aurait dû tenir compte, qu'il n'aurait pu négliger sans y être autorisé par le peuple [1]. Remarquons encore que la portée de la loi était d'autant plus grande qu'Antoine seul possédait et avait vu les papiers de César ; il avait gagné son secrétaire Q. Fabérius [2] ; tous deux les avaient mis en ordre, disposés pour leurs desseins, et ne s'étaient pas fait faute de les falsifier [3]. Au moyen de ces papiers Antoine pouvait décider tout ce qu'il voudrait, prendre des dispositions que ne lui permettait pas le pouvoir consulaire : il fut donc l'héritier de la dictature césarienne [4], et exerça le souverain pouvoir avec une tyrannie plus odieuse [5] comme *fax et turbo sequentis sæculi* [6]. Il eut encore cet avantage que l'un de ses frères, Gajus, était préteur, et prit probablement les fonctions de préteur urbain après le départ de M. Brutus [7] ; un autre, Lucius, était tribun [8]. On pourra s'étonner qu'Antoine ait réussi à faire voter une pareille loi par le peuple ; pour le comprendre il suffit de se rappeler ce qu'était devenue à ce moment l'action législative du peuple [9] ; d'ailleurs Antoine put invoquer comme argument le vote par le sénat du sénatus-consulte sur les actes de César [10]. Il ne pouvait pas rencontrer d'opposition : en avril, la plupart des sénateurs étaient à la campagne ; au forum, les vétérans de César formaient la majorité.

[1]) Cf. Cic., *Phil.*, 2, 39, 100.

[2]) App., *b. c.*, 3, 5. Cic., *Att.*, 14, 18, 1. Cf. 13, 8.

[3]) Vell., 2, 60. Dio C., 44, 53. 45, 23. 25. 41. Plut., *Ant.*, 15. Cic., *Phil.*, 2, 14, 35. 5, 4, 11.

[4]) Dio C., 44, 53. 45, 25. 41. App., *b. c.*, 3, 7. 15. Plut., *Cic.*, 44. *Brut.*, 21. Cic., *Att.*, 14, 9, 2, lettre écrite après 14, 10. 14, 14, 2. 4. 14, 21, 3. *Phil.*, 13, 8, 17.

[5]) Cic., *Att.*, 14, 13, 6. 14, 17, 6. *Fam.*, 12, 1, 1. Liv., *ep.*, 117.

[6]) Flor., 4, 3, 2.

[7]) App., *b. c.*, 3, 14. 23.

[8]) Plut., *Ant.*, 15. Dio C., 45, 9.

[9]) Cf. Cic. *Phil.*, 1, 10, 25. 2, 3, 6. 5, 4, 9.

[10]) Cic., *Fam.*, 12, 1, 2.

Antoine usa aussitôt des droits que lui conférait la loi de actis Cæsaris confirmandis ; il publia un grand nombre de décrets comme venant de César [1] et deux lois juliennes : une sur les Siciliens, *lex Julia de Siculis*, leur accordait le droit de cité [2] : César n'avait dû songer qu'à leur accorder le droit latin ; l'autre concernait le roi Déjotarus, *lex Julia de rege Dejotaro* ; elle lui accordait une situation que ne lui aurait certainement pas rendue César [3]. Peu de jours après parut la loi *Julia de exulibus* [4], qui rappela Sex. Clodius [5] condamné en 52 et plusieurs autres [6]. Il est certain que ces lois n'avaient pas été tirées des papiers de César telles qu'elles étaient publiées par Antoine [7] ; pour les falsifier, Antoine avait certainement reçu de l'argent ou des promesses des Siciliens et des ambassadeurs de Déjotarus [8]. Il en fut de même des sénatus-consultes : ils furent aussi falsifiés [9]. Antoine maintint quelques-uns des tribuns désignés pour 43 et pour 42, mais fit de nouvelles nominations qu'il présenta comme venant de César [10]. Il est probable qu'il nomma de la même façon d'autres magistrats, par exemple des préteurs, des édiles et des questeurs aussi pour les deux années 43 et 42 [11]. Il fit entrer un grand nombre de ses créatures dans le sénat ; le peuple plaisanta ces nouveaux sénateurs, les traita de revenants de l'autre monde, puisqu'ils étaient censés nommés par un mort ; on leur donna

[1]) Cic., *Att,*, 14, 12, 2 *sexcenta similia*.

[2]) Cic., *Att.*, 14, 12, 1. Cf. *Phil.*, 1, 10, 24. 2, 36, 92. 3, 12, 30. 5, 4, 12. 7, 5, 15.

[3]) Cic., *Att.*, 14, 12, 1. 14, 19, 2. *Phil.*, 2, 37. Cf. 5, 4, 11. 12. 7, 5, 15. 12, 5, 12.

[4]) Cic., *Phil.*, 2, 38, 98.

[5]) Cic., *Att.*, 14, 13, 6. 14, 13. Au. B., 14, 19, 2. *Phil.*, 2, 4, 9.

[6]) Cic., *Phil.*, 1, 10, 24. 2, 38, 98. 3, 12, 30. 5, 4, 11. 7, 5, 15. *Fam.*, 12, 1, 1. Dio C., 44, 53. 45, 23. 25. 47. 46, 15. App., *b. c.*, 3, 12. Plut., *Ant.*, 15.

[7]) Cic., *Phil.*, 2, 4, 10.

[8]) Cic., *Att.*, 14, 12, 1. *Phil.*, 2, 38, 98.

[9]) Cic., *Fam.*, 12, 1, 1. 12, 29, 2. *Phil.*, 5, 4, 12. 12, 5, 12.

[10]) Dio C., 44, 53. Plut., *Ant.*, 15.

[11]) Pour l'année 43, voir les références données plus bas au sujet de chaque élection ; pour 42, Cic., *Fam.*, 10, 25, 26. App., *b. c.*, 4, 17. 132.

le surnom de *Orcini* ou Χαρωνῖται[1]. N'étant plus lié par le
sénatus-consulte de Ser. Sulpicis Rufus (voir plus haut, p. 551)
il publia un grand nombre de décrets accordant à des particuliers de l'argent, des terres, le droit de cité, à des commu-
nautés l'autonomie et l'exemption d'impôts[2] ; il fit plus que
s'il avait été à la fois dictateur, censeur et imperator. Aidé
de sa femme Fulvia[3], il se servit de ses pouvoirs pour
s'enrichir[4] ; il lui fallait beaucoup d'argent : en peu de temps
il avait vidé le trésor[5] pour payer ses dettes[6] et corrompre
ceux dont il avait besoin en leur donnant, selon l'exemple de
César, des mandats sur le trésor[7]. Antoine ne serait pas
devenu le maître de l'État s'il n'avait d'abord satisfait ceux
qui pouvaient devenir ses rivaux ou lui faire opposition.

Lépide reçut d'Antoine la promesse que leurs enfants
seraient unis par le mariage[8], et fut nommé grand Pontife
à la place de César. Le 17 mars, le peuple avait déjà offert
cette dignité à Lépide[9] ; Antoine s'empressa de faire passer
la loi *Antonia de Pontifice maximo creando* qui, pour ce cas
particulier, dispensait le candidat de se faire élire par le
peuple[10]. Les pontifes s'empressèrent de reconnaître Lépide
comme grand Pontife[11].

---

[1]) Plut., *Ant.*, 15. App., *b. c.*, 3, 5. 12. Cic., *Phil.*, 13, 13, 28. Suet.,
Aug., 35. Cf. Sall., *Jug.*, 4.

[2]) Dio C., 44, 53. 45, 23. 25. App., *b. c.*, 3, 5. Cic., *Phil.*, 1, 10, 24. 2,
14, 35. 2, 36, 92. 3, 4, 10. 3, 12, 30. 5, 4, 11. 7, 5, 15. 12, 5, 12. *Fam.*, 12,
1, 1.

[3]) Il avait épousé (Cic., *Phil.*, 2, 5, 11) Fulvia après la mort de Curio et
son divorce avec Antonia, la fille de C. Antonius (Cic., *Phil.*, 2, 38, 99.),
probablement en 46, mais pas plus tard : Cic., *Phil.*, 2, 31, 77. 2, 28, 69. 2,
5, 11. Plut., *Ant.*, 10.

[4]) Dio C., 44, 53. 45, 23. Vell., 2, 60. Cic., *Phil.*, 2, 14, 36. 2, 38, 97.
2, 39, 100. 3, 4, 10. 3, 12, 30. 5, 4, 11.

[5]) Cic., *Att.*, 14, 14, 5. *Phil.*, 5, 6, 15. 7, 5, 15. 12, 5, 12. Nic. Dam., *Vit.
Aug.*, 28. Dio C., 45, 24.

[6]) Cic., *Phil.*, 2, 14, 35. 2, 37, 93.

[7]) Cic., *Phil.*, 1, 7, 17. 5, 4, 11.

[8]) La fille d'Antoine devait épouser le fils de Lépide : Dio C., 44, 53.

[9]) App., *b. c.*, 2, 132.

[10]) Dio C., 44, 53. La loi Antonia n'est donc qu'une loi particulière, elle
n'a pas du tout supprimé l'obligation de l'élection populaire : Cf. Cic., *Ad
Brut.*, 1, 5, 3.

[11]) Liv., *ep.*, 117. Vell., 2, 63. Cf. Obseq., 68.

Le 16 mars Dolabella s'était prononcé pour les conjurés ; il avait même songé à proposer au peuple de célébrer l'anniversaire de la mort de César avec la même solennité que l'anniversaire de la fondation de Rome[1] ; bien qu'il eût annoncé jadis (voir plus haut, p. 534) qu'il s'opposerait à son élection, Antoine l'avait reconnu comme son collègue dans la séance du 17 mars au sénat[2] ; il se l'attacha définitivement[3] en lui délivrant des mandats sur le trésor[4], et en lui permettant de demander la province de Syrie avec le commandement des légions destinées à combattre les Parthes ; elles étaient alors en Macédoine. Or la Syrie était destinée à C. Cassius, la candidature de Dolabella ne pouvait pas avoir grand succès auprès du sénat. Dolabella se tourna vers le peuple qui accepta immédiatement la loi *Cornelia de provincia Syria*[5] ; on ne tint pas compte de l'opposition (par *obnuntiatio*) du tribun Nonius Asprenas[6].

D'après les dispositions réglées par César, les consuls Antoine et Dolabella ne devaient pas avoir de province : à la fin du consulat, ils devaient probablement rejoindre César et lui amener des contingents. Antoine imita Dolabella, il demanda au sénat la province de Macédoine. Le sénat ne pouvait guère refuser ; la demande d'Antoine paraissait modeste en comparaison de celle de Dolabella ; le gouvernement de Macédoine, sans les légions qui s'y trouvaient, ne présentait aucun danger. Le sénat décida que M. Brutus et C. Cassius recevraient une compensation[7], que l'on déterminerait au commencement de juin[8].

Antoine avait pris ses garanties pour le moment où il sor-

---

1) App., *b. c.*, 2, 122. 3, 35.
2) Cic., *Phil.*, 1, 13, 31. Cf. App., *b. c.*, 2, 129.
3) Cic., *Phil.*, 11, 1, 2. Dio C., 44, 53.
4) Cic., *Att.*, 14, 18, 1.
5) Cf. Cic., *Att.*, 15, 11, 4. Cette loi Cornelia fut votée en même temps que la loi Antonia de confirmandis actis Cæsaris, ou peu de temps après : Cic., *Att.*, 14, 9, 3, lettre écrite après 14, 10.
6) App., *b. c.*, 3, 7. 12. 16. 24. 36. 4, 57. Vell., 2, 60. Dio C., 47, 29.
7) App., *b. c.*, 3, 8. 12. 16. 24. 36. 52. 4, 57. Dio C., 45, 9. 20. 22. 46, 23.
8) Cic., *Phil.*, 2, 42, 108. Cf. *Att.*, 14, 14, 4. 15, 5, 2.

tirait du consulat ; il espérait qu'à ce moment il lui serait facile d'échanger la Macédoine pour la Gaule[1]. Il voulut encore se garantir contre les éventualités qui pourraient surgir pendant son consulat, il prit une garde militaire. Les vétérans la lui fournirent ; ils n'étaient plus nombreux à Rome, ils avaient pris possession de leurs lots de terre, ou partirent à ce moment pour s'installer dans les nouvelles colonies[2]. Leur situation paraissait compromise par la mort de César ; s'appuyant sur le sénatus-consulte du 17 mars[3], Antoine fit voter, d'accord avec son collège Dolabella[4], la loi *Antonia de colonis in agros deducendis*[5] ; elle fut votée probablement le 24 avril. Il faut bien se garder de la confondre avec la loi agraire de son frère Lucius ; sous prétexte de faire exécuter la loi qui devait lui donner, ainsi qu'à Dolabella[6], une grande influence, Antoine partit de Rome vers la fin d'avril[7] pour se rendre dans l'Italie méridionale. Il fonda une colonie à Casilinum[8], bien qu'il y en eût déjà une de César, et que les règles des augures défendissent dans ces cas d'en établir une nouvelle ; il n'avait pas réussi à faire la même chose à Capoue[9]. Partout où il le put, Antoine fit prêter aux vétérans le serment de défendre les actes de César, y compris ceux qu'il avait confirmés ou confirmerait en vertu de la loi Antonia[10]. Il profita aussi de ses pouvoirs pour établir plus tard[11] ses créatures comme colons en Campanie (*ager campanus*) et sur le territoire de Léontium en Sicile, il leur accorda ainsi de grands domaines[12].

Il revint vers la fin de mai, ramenant avec lui un grand

[1] Cic , *Att.*, 14, 14, 4.
[2] Dio C., 44, 51.
[3] Cf. Cic., *Phil.*, 13, 15, 31. 1, 2, 6.
[4] Dolabella avait présenté la loi avec Antoine. Cic., *Phil.*, 8, 8, 25. Cf., 3, 4, 9. 5, 3, 9.
[5] Cic., *Phil.*, 5, 4, 10. Lex col. Genet., ch., 104. Cf. Dio C., 44, 51.
[6] Cic., *Phil.*, 8, 8, 25.
[7] Cic., *Phil.*, 2, 39, 100. *Att.*, 14, 17, 2. 14, 20, 2. Cf. App., *b. c.*, 3, 57, ἐν δύο μησίν.
[8] Cic., *Phil.*, 2, 40, 102.
[9] Cic., *Phil.*, 2, 39, 100. 2, 40, 102.
[10] Cic., *Att.*, 14, 21, 2.
[11] Cic., *Phil.*, 2, 39, 101.
[12] Cic., *Phil.*, 8, 8, 25. 2, 17, 43. 2, 39, 101. 3, 9, 22. 10, 10, 22. 11, 5, 12. Dio C., 45, 30. 46, 8.

nombre de vétérans[1] ; ils formèrent sa garde du corps avec des archers venus d'Itura en Syrie[2]. On ne peut pas admettre que le sénat lui avait déjà auparavant accordé le droit d'avoir une garde du corps[3]. Maintenant qu'il délibérait entouré d'hommes armés[4], le sénat ne pouvait plus protester contre le fait accompli et forcer Antoine à renvoyer ses gardes.

Vers la fin d'avril[5], Dolabella avait fait des siennes à Rome : il avait dispersé les bandes populaires qui se réunissaient tous les jours sur le forum, autour de l'autel de César ; il avait mis les esclaves en croix, précipité quelques chefs du peuple de la roche tarpéienne, et enfin renversé l'autel de César et pavé l'endroit où il était élevé[6]. C'était là une action héroïque ; les ennemis de M. Antoine remarquèrent qu'il ne craignit pas d'attaquer L. Antoine dans une assemblée[7]; ils crurent que Dolabella pourrait devenir le chef du parti républicain[8]. Alors un certain nombre de tribuns, ennemis de M. Antoine, par exemple L. Cassius, D. Carfulenus et Ti. Cannutius[9], résolurent de soumettre au peuple une proposition qui s'appuyait sur le sénatus-consulte de actis Cæsaris. La loi des tribuns, *lex tribunicia de actis Cæsaris*, fut votée le 3 juin[10] : elle stipulait que les consuls devraient s'adjoindre un conseil pour examiner les actes de César, à partir du 1er juin (*cognoscere, statuere, judicare*)[11]. Mais elle ne supprima pas formellement la loi Antonia, elle ne fut donc qu'une simple démonstration dirigée contre Antoine, et ne porta pas

[1]) Cic., *Phil.*, 2, 39, 100. 2, 42, 108. *Fam.*, 11, 2, 1. *Att.*, 14, 22, 2. 15, 1a, 2. 15, 4, 4. 15, 5, 3. 15, 8, 1.

[2]) Cic., *Phil.*, 2, 3, 6. 2, 44, 112. 5, 6, 17.

[3]) App., *b. c.*, 3, 4. 3, 57.

[4]) Cic., *Phil.*, 2, 8, 19. 5, 7, 18. 13, 8, 18. *Fam.*, 10, 2, 1. Dio C., 45, 22.

[5]) Cic., *Att.*, 14, 15, 2.

[6]) Cic., *Att.*, 14, 15, 2. 14, 16, 2. 14, 18, 1. 14, 19, 2. 5. *Fam.*, 12, 1, 1. *Phil.*, 1, 2, 5. 1, 12, 30. 2, 42, 107. Dio C., et Appien ne donnent pas de renseignements précis : Dio C., 44, 51. App., *b. c.*, 3, 3.

[7]) Cic., *Att.*, 14, 20, 2. 4. Cf. 15, 2, 2.

[8]) Cic., *Fam.*, 9, 14. *Att.*, 14, 17 A. Cf. 14, 21, 1. App., *b. c.*, 3, 7. 35.

[9]) Cic., *Phil.*, 3, 9, 23. Cf. *Att.*, 15, 4, 1.

[10]) Cic., *Att.*, 16, 16, 11. Dans ce passage, il faut lire : *III Non. Jun.*

[11]) Cic., *Att.*, 16, 16, 8. 11.

www.ingramcontent.com/pod-product-compliance
Ingram Content Group UK Ltd.
Pitfield, Milton Keynes, MK11 3LW, UK
UKHW022344130726
13694UKWH00006B/1182